当代客商八大王

孙博 编著

暨南大学出版社
JINAN UNIVERSITY PRESS
中国·广州

图书在版编目（CIP）数据

当代客商八大王/孙博编著．—广州：暨南大学出版社，2017.1
ISBN 978-7-5668-1977-2

Ⅰ.①当… Ⅱ.①孙… Ⅲ.①企业家—生平事迹—中国—现代 Ⅳ.①K825.38

中国版本图书馆CIP数据核字（2016）第261510号

当代客商八大王
DANGDAI KESHANG BADAWANG
编著者：孙 博

出 版 人：徐义雄
策划编辑：李 艺
责任编辑：赵梁信子
责任校对：高 婷
责任印制：汤慧君 周一丹

出版发行：暨南大学出版社（510630）
电　　话：总编室（8620）85221601
营销部（8620）85225284 85228291 85228292（邮购）
传　　真：（8620）85221583（办公室） 85223774（营销部）
网　　址：http：//www.jnupress.com http：//press.jnu.edu.cn
排　　版：广州市天河星辰文化发展部照排中心
印　　刷：佛山市浩文彩色印刷有限公司
开　　本：890mm×1240mm 1/32
印　　张：6.625
字　　数：163千
版　　次：2017年1月第1版
印　　次：2017年1月第1次
定　　价：25.00元

前　言

“商帮”的概念，古已有之。近年来，随着商会如雨后春笋般地涌现与商会文化的凝练提升，“商帮”的概念再度为人们频繁地使用。世界闽商大会、世界浙商大会、世界晋商大会等夺人眼球，商帮的沟通合作更为紧密。在“大众创业，万众创新”的时代背景下，在“一带一路”的经济发展版图中，一支商帮正在悄然崛起。他们以低调、务实的风格在商海中搏击弄潮，在中国内地、香港、东南亚等地风起云涌，成为服装、钢铁、地产等行业的巨头。对！他们就是客商——从商的客家人！作为汉族民系的重要分支，客家人始于秦征百越时期，历经魏晋南北朝、唐、宋数代，由于战乱等原因，他们逐步往江南和粤闽赣边迁移，在南宋即已形成相对稳定的客家族群，然后又往南方各省乃至东南亚以及世界各地迁徙，并最终成为汉民族中一支遍布全球且人文特异的重要民系族群。鉴于客家人跨地域、跨国别的背景，客商与其他商帮有明显不同的特征，即地缘的分离。又因为此，客商凭借更为众多的母体数量，在各国各行各业渗透发展，绵延不息。

首届世界客商大会于2009年10月在广东梅州举行，海内外千余名客商初次团聚。客商向全世界发表宣言：顺时代潮流、以知识为本、汲科技精华、强竞争能力、育世界品牌、创商海伟业，立高山气派、畅大海情怀、铸梅花风骨、展客家气概，“让中国为客商骄傲，让世界为客商喝彩”。在该届大会上，《中国经济周刊》对话“客商八大王”，论道客商风云。“领带大王”曾宪梓、“人造革大王”田家炳、“香港裤大王”杨钊、“珠宝大王”吴德芳、“毛衫大王”吴惠权、“钢铁大王”何侨生、“国货大王”余国春、“橱柜大王”姚良松先后受访，畅谈创富创业创新感怀。此后，世界客商大会两年一度，在广东梅州例行举办。第二届世界客商大会的一个重要成果，即挂牌成立客商研究院。全球首家客商研究院在嘉应学院挂牌，院名由前广东省省长黄华华同志书写。自挂牌之后，客商研究院在各级党政领导的关怀下，在有关部门的协助下，在儒雅客商的爱护下，努力夯实基础，积极打造客商品牌，并取得一定成效。

2012 年，客商研究院承接了首届客家文化艺术节之“海峡两岸客家论坛”的举办任务。2013 年，客商研究院承办了 2013 世界客商大会之世界客商论坛。2014 年，客商研究院启动“客商孵育工程”项目。2015 年，客商研究院参与了“世界客商与 21 世纪海上丝绸之路”研讨会的承办工作。此间，客商研究院一直将“客商八大王”作为重点项目加以跟进，力争在教学与科研方面均得到体现。“客商八大王”的传奇经历、人格魅力与经商之道亦成为在校学子学习仿效的经典范本。经过教学与科研工作的反复提炼，笔者编写本部著作，力求还原与再现“客商八大王”创业创新的精彩与风采。

本书在撰写过程中统一了行文规范，即针对每位客商，均将以个人简介、创富过程、代表企业、商道分享、文化特质为序，顺次介绍，重点在“商道分享”方面。本书不以人物生平为主线，其特色在于对每位“客商大王”的经商之道的梳理与凝练。在众创时代背景下，在客家文化蓬勃发展的历史潮流中，本书对追求创业创新的人士及有关学者有一定借鉴意义，具有一定的可读性。

本书的出版，需要感谢梅州市委市政府、暨南大学出版社、嘉应学院等有关党政机构的大力支持！作者在此一并致以深深的谢意！

由于作者水平有限，书中或有不当之处，敬请读者朋友批评指正。

孙 博

2016 年 8 月

目录 CONTENTS

“领带大王”

曾宪梓

一、个人简介

二、创富过程

三、代表企业

四、商道分享

五、文化特质

一、个人简介

（一）个人档案

中文名：曾宪梓

英文名：Tsang Hin – chi

国籍：中国

职位：金利来集团创办人兼董事局主席

出生时间：1934 年 2 月 2 日

籍贯地：广东梅县扶大区珊全村

出生地：广东省梅州市梅县区

家人：哥哥曾宪概；夫人黄丽群；有三个儿子：大儿子曾智谋，二儿子曾智雄，三儿子曾智明

（二）素描

曾宪梓生于广东省梅州市梅县区一个农民家庭，他幼年丧父，少年辍学，自小砍柴放牛帮补家计。后来得到政府扶助，

重获接受教育的机会，16 岁考入广东梅县东山中学。1961 年，曾宪梓毕业于中山大学生物学系。1963 年，他经香港到泰国，侨居了五年。1968 年，又从泰国回到香港。

为了照顾一家老小，曾宪梓缝制领带到街上贩卖，并以“金狮”作为领带商标，但销路不尽理想。后来，他发现，由于“狮”与“输”谐音，难显吉祥之意，于是将领带改名为“金利来”，随即便销量大增，更于 1971 年成为注册商标。同年，通过赞助世界乒乓球单打冠军庄则栋来港表演的电视转播，令其品牌家喻户晓。1973 年，金利来于香港中环永安百货设立领带售卖专柜，首创与百货公司拆账合作的方式，令其业务扶摇而上。

1991 年曾宪梓补选为港区全国人大代表，1994 年增选为全国人大常委。曾宪梓亦是香港特别行政区基本法咨询委员会委员、香港事务顾问及香港特别行政区筹备委员会委员。1997 年获颁授“大紫荆勋章”，成为香港特区政府第一批 12 名“大紫荆勋章”得主之一。曾宪梓还获得了“粤港澳捐资公益事业先驱人物”称号以及中山大学及香港理工大学颁授的荣誉博士学位。

1992 年，曾宪梓向国家教育部捐赠 1 亿港元，成立“曾宪梓教育基金会”，扶助内地贫困地区教育事业。2003 年，更以 1 亿港元成立“曾宪梓载人航天基金”，奖励对中国航天事业有贡献的科学家及航天员。2008 年，他再捐资 1 亿港元设立“曾宪梓体育基金”，奖励北京奥运会及往后三届奥运会获得金牌的中国运动员。

1993 年，南京紫金山天文台以“曾宪梓”来命名编号为 3388的小行星。

曾宪梓患有肾衰竭，进行过换肾手术。2008 年，他以 74 岁高龄，坐着轮椅成为北京 2008 年奥运会香港区火炬接力火炬手。

曾宪梓是曾子的七十四代孙，育有曾智谋、曾智雄与曾智明三子。

（三）捐献记录[①]

曾宪梓几十年如一日，生活甚俭，无私奉献，回报祖国，拳拳赤子之情，溢于言表。2006 年获得由中国民政部、中华慈善总会颁发的“中华慈善奖”，并荣膺“粤港澳捐资公益事业先驱人物”，2007 年获广东省民政厅授予的“南粤慈善家”荣衔，先后捐赠内地金额逾 6 亿元人民币，其主要私人捐献详情如下：

1. 1978—1979 年

曾宪梓事业初有成就，在国内的第一项捐赠是 1978 年为母校广东梅县东山中学添置电视机等教学器材，紧接着于 1979 年捐建了一座教学楼，此后，他陆续捐建了图书馆、大礼堂、体育场等。

2. 1988 年起

曾宪梓先后在他的母校中山大学捐建了中山楼、曾宪梓堂、曾宪梓堂南院、曾宪梓大楼、教授楼等行政、科研、教学、医疗大楼和宿舍，以及设立奖学金，先后为母校捐资的金额已近 3 000 万元人民币。

3. 1991 年

曾宪梓及曾氏家族捐款 2 000 多万元人民币创建广东梅州市曾宪梓中学（高级中学），并以其夫人黄丽群、儿子、孙子的名字命名大楼。此外，还捐建了梅县宪梓中学（梅州市一级初级

---

① 佚名．曾氏（金利来）对社会的奉献［EB/OL］．http：//www. zengshijiayuan. com/Article. asp？ articleid = 178.

中学）、梅县扶大宪梓学校（小学）、梅县丽群小学（广东省一级学校），又在梅州嘉应学院捐资设立办学基金。此外，其捐建的教学大楼、图书馆、艺术宫、体育馆等，已成为学校主要的建筑。

4. 1992 年

曾宪梓捐资 1 亿港元，与国家教育部合作，成立了“曾宪梓教育基金会”，支持祖国的教育事业。

5. 2003 年

曾宪梓宣布捐资 1 亿港元设立“曾宪梓载人航天基金”，奖励对祖国航天科技事业做出贡献的科学家和航天员。

6. 2005 年

关心祖国体育事业发展的人大常委曾宪梓，捐赠 100 万元人民币，以实际行动支持 2005 年于江苏省举行的全国第十届运动会。

对于捐资赞助国内体育事业的发展，曾宪梓有着这样的看法：“我虽然并不富有，但总想以各种方式回报祖国对自己的培养。富国还要强民，中华民族应当以一个强健的姿态屹立于国际社会上。”曾宪梓与中国体育运动的发展结下不解之缘。早在 1986 年，他已开始捐资支持全运会的举行。他曾数度为参加奥运并获得奥运金牌的中国体育健儿颁发奖金以表扬他们的卓越成就，亦曾为奥运会中国代表队提供服装。

十运会组委会常务副秘书长吴经起含着热泪说：“曾先生有一颗可贵的中国心，他爱国爱港，热心祖国的公益事业。”

7. 2006 年

曾宪梓捐资 500 万元人民币兴建南京大学的曾宪梓楼。

8. 2006 年 10 月，曾宪梓捐赠 123 万港元予中山大学香港校友联合会

为了支持中山大学香港校友联合会的持续发展，曾宪梓决

定捐资123万港元予该会，支票递交仪式在2006年10月21日于金利来集团中心七楼顺利举行。

在支持祖国教育事业之余，素来饮水思源的曾宪梓，亦不忘回报母校中山大学，过往捐资母校的金额已近6 000万元人民币。此外，他还不遗余力地支持中山大学香港校友联合会的发展，自其1992年担任第一届会长以来，亲力亲为，并长期无偿提供其名下的物业给校友会使用，这次捐赠123万元予该会，对该会的持续发展做出了莫大的贡献。

“民富国强，教育为本。”曾宪梓曾经说：“我若把产业只留给我的下一代，只富了我一家；我要用我的产业来培养祖国后一代，将来就能使整个国家富裕起来。”① 曾宪梓就是这样将自己辛勤工作所得的绝大部分捐献予祖国，惠及下一代。

9. 2007年

曾宪梓捐资200万元人民币设立中国政法大学曾宪梓教育基金“英才奖学金”；捐资100万元人民币予暨南大学教育基金会；捐资100万元人民币予广东河源市修葺五所小学；捐资100万元人民币予陕西延安中学。

10. 2007年2月，捐资200万元人民币予中山大学附属第一医院

2007年2月13日，乐善好施的全国人大常委、金利来集团有限公司董事局主席曾宪梓捐资200万元人民币予中山大学附属第一医院，以支持医院的发展，惠泽万民。当日，曾宪梓宴请了中山大学附属第一医院院长王深明博士、党委书记颜楚荣先生、副院长余学清先生等中山大学附属第一医院代表，表扬众人在医学上的贡献，勉励他们继续造福社会，并捐出200

---

① 佚名．曾氏（金利来）对社会的奉献［EB/OL］．http：//www. zengshijiayuan. com/Article. asp？articled＝178.

万元人民币以支持医院的持续发展。中山大学附属第一医院众领导代表对于曾宪梓的慷慨解囊表示万分感激，王深明院长深有感触地说："曾博士用慈爱之心和终身报效祖国的精神济世为怀，慷慨捐助本医院以提升设施服务人民，为社会上做出莫大的贡献。其爱国情怀，由始至终，几十年如一日，实为世人的楷模。"①

11. 2007 年 6 月，金利来集团副主席兼嘉应商会会长曾智明牵头捐款，率领商会助梅州赈灾

香港嘉应商会得悉家乡梅州遭受了特大暴雨袭击，人民群众的生命财产受到威胁时，商会会长随即召开紧急常董会。为了支持家乡梅州的灾区人民救灾复产和重建家园，金利来集团主席兼商会总监曾宪梓捐资 100 万港元，加上商会常董们的慷慨解囊，共筹得 190 万港元善款。曾智明先生于 2007 年 6 月 16 日率团带领香港嘉应商会成员，亲自把善款送交梅州市市政府，以解灾民燃眉之急。

12. 2007 年 10 月，曾宪梓捐资 500 万元人民币设立中国首个"助残研究基金"

2007 年 10 月 31 日，曾宪梓向中国人民大学教育基金会捐赠 500 万元人民币设立全国首个"助残研究基金"，用于全国残疾人事业科研项目，设置相关奖项并开设论坛，促进中国残疾人事业的发展。同日，中国人民大学校董会成立，人大校长纪宝成任董事会董事长，曾宪梓任人大校董会荣誉副主席。曾宪梓在捐赠仪式上谦虚地表示，对社会给予的高评价感到惭愧，自己年少时曾受助于"三块助学金"，现在个人有所成就，应尽力回报祖国。中国人民大学残疾人事业发展研究院亦聘请曾宪

① 朱月怡．曾宪梓博士向中大医院捐资二百万［EB/OL］．http：//hm. people. com. cn/GB/5438301. html.

梓为终身顾问。

13. 2007 年 11 月，曾宪梓捐资 500 万元人民币支持陕西教育发展

2007 年 11 月 14 日，以原陕西省省长袁纯清为首的陕西省人民政府代表团访港，受到了全国人大常委、金利来集团有限公司董事局主席曾宪梓的热情招待。他们参观了金利来集团中心，彼此亲切问候，探讨了陕西省的最新发展规划。会上，曾宪梓向陕西省人民政府捐赠人民币 500 万元，以支持陕西省贫困地区的教育事业发展。袁纯清代表省政府接受捐赠，他非常感激曾宪梓一直以来对陕西省发展的关注。他表示，会好好运用曾宪梓这笔捐款，把陕西发展好。期间，他们又畅谈了陕西的发展成果，袁纯清诚意邀请曾宪梓到该地考察。曾宪梓指出，较早前他到访陕西黄帝陵时，已看到当地各方面的发展前景，令人振奋，并高度赞扬袁纯清领导各成员热切投入该省开展工作，成就了今天陕西省的发展，为建设祖国做出了重大贡献。为了答谢曾宪梓的隆情厚意，袁纯清代表省政府赠送纪念品予曾宪梓。

14. 2007 年 12 月，曾宪梓教育基金会 2007 年度“优秀大学生奖励计划”颁奖大会隆重举行

2007 年 12 月 21 日下午，曾宪梓教育基金会 2007 年度“优秀大学生奖励计划”颁奖大会在北京人民大会堂举行。教育部副部长袁贵仁、国务院港澳办副主任周波、共青团中央书记处书记贺军科和全国人大常委、金利来集团有限公司董事局主席曾宪梓等出席了颁奖会，并为获奖大学生代表颁奖。成立十余年的“曾宪梓教育基金会”秉承了“振兴中华、培育英才”的宗旨。曾宪梓捐资 555 万元人民币，奖励多名品学兼优的大学生。教育部副部长袁贵仁代表教育部，衷心感谢曾宪梓教育基金会为发展内地教育事业所做出的宝贵贡献。他高度赞

扬曾宪梓慷慨捐资，支持贫困大学生，在社会上发挥了良好的示范作用。颁奖大会上，曾宪梓以亲身经历勉励大学生艰苦奋斗创业，勤俭诚信做人，终身报效祖国。获奖大学生代表则表示将以曾宪梓为榜样，不畏困境，发奋图强，用更加优异的成绩来报效祖国、服务人民。

15. 2008 年，捐资赈灾

2008 年 2 月，曾宪梓捐资 100 万元人民币协助内地雪灾救援工作。同年 5 月，他捐资 1 000 万元人民币协助四川灾区人民重建家园。

2008 年 2 月 4 日，曾宪梓得悉内地近日雪灾为患，1 亿多名灾区人民要在没水没电的情况下生活，非常担心，所以他个人捐出 100 万元人民币，还连同部分全国人大港区代表共同筹集 129 万元人民币赈灾，托中央人民政府驻香港特别行政区联络办公室（简称“中联办”）交给内地各省市区政府及有关机构，协助救灾工作，为内地受雪灾影响的灾民送上一份关爱，盼受苦同胞早日脱离困境。

2008 年 5 月 12 日，四川突如其来的大地震，使灾民顿失家人，家园尽毁，情况令人痛心疾首。曾宪梓得悉四川地震情况险峻，感到万分难过，2008 年 5 月 14 日率先捐出 1 000 万港元予香港中联办以援助四川灾区人民，缓解灾民燃眉之急，祈盼受苦灾民早日脱离这艰难的困境。

16. 曾宪梓教育基金会贡献祖国二十余载

1992 年曾宪梓与国家教育部合作，设立曾宪梓教育基金会，当时，他为基金会的成立捐赠了 1 亿港元，历年来为祖国的教育事业发展做了系统性的捐助。1993 年至 1999 年间，基金会连续奖励了高等师范院校、教育学院、中等师范学校（包括幼师及教师进修学校）及师范性较强的综合性大专院校中有成就、有贡献的优秀教师共 7 028 人，金额达 4 500 余万元人民币，鼓励优秀教师到师范院校任教。自2000年起，基金会实施“优秀大学生奖励计划”，用于奖励家境贫寒及品学兼优的高校在读学生，旨在支持学生勤奋学习，友爱助人，取得更优异的成绩，在毕业后报效祖国，成长为国家的栋梁之材。

二、创富过程

作为客商侨领，曾宪梓的创富过程几乎就是客家人创业成功的教科书般的案例，不仅极具代表性，而且非常励志，处处都散发着客家人勤劳简朴、睿智诚信的光芒。

（一）创业思考

曾宪梓年少时家境贫困，生活拮据，20世纪60年代时，他不得不远渡重洋，到泰国谋生。曾宪梓是在国内长大的，他先在中山大学生物学系完成了大学学业。20世纪60年代初，他到泰国与家人团聚，决心干出一番事业。但到了泰国后，如何才能开拓事业呢？壮志满怀的曾宪梓陷入了创业思索之中。

曾宪梓在往返于泰国、中国香港两地的时候，与其经营百货公司的叔父、制作领带的哥哥有颇多交集。20世纪60年代的泰国，已推行开放政策。徘徊在曼谷闹市之中，曾宪梓发现不少人穿西装、系领带，这些西装革履者，显得风度翩翩，引人注目。他想，领带虽小，却是现代男人不可缺少的装饰物，它的发展前景是广阔的。曾宪梓去过香港很多领带厂，从那里买了一些领带寄到泰国去卖。香港的领带厂都属于家庭手工业，技术含量不高，很容易仿制，因此曾宪梓有了从领带起步创业的决心。

（二）白手起家

只要不偷、不抢、不骗，什么工作都能去做。因此，曾宪梓在香港的第一份工作是做保姆，给亲戚带小孩，别人笑言曾宪梓作为一个大学生，居然到香港给别人带小孩，曾宪梓却认为无所谓。能够胜任第一份工作令他感到很愉快，而且在带小孩过程之中，他进一步了解了香港社会。

后来，曾宪梓从卖领带入手，开始其生意道路。他从批发商或厂家那里批发领带，自己摆卖出售。经过一段时间探索后，善于观察和思考的曾宪梓发现，泰国虽然是个开放的市场，但并不是领带的最佳市场。他想，香港是世界著名的自由贸易区，是集世界潮流之地，应是领带业的最有潜力的市场。于是，他带着6 000港元回到香港，租了一间小厂房，凭着一把尺子、一把剪子和一台缝纫机，自己进行设计、剪裁和缝制，开始其艰难困苦的创业旅程。他每天从早晨六点一直干到深夜两点，制成领带后，又自己去推销，扛着成品挤公共巴士，走街串巷，扯着嗓子叫卖。

他每天给自己确定一个销售目标，不完成就不回家。一家六口人一天要50元的生活费，所以曾宪梓初期每天必须卖5打，也就是60条领带，这样才能够养活一家。他给自己定了个规矩：卖不完60条，就不回家。本来批发应该是论打售卖的，为了每天卖出60条，曾宪梓一打领带当批发售卖，半打的也当批发，甚至1条领带也按批发价卖，总之要完成60条领带的日销售目标。由于他是客家人，广州话讲不好，常常闹笑话，被别人耻笑。但他没有气馁，慢慢地，这位带着浓厚客家口音的领带商贩给人们留下了诚实可亲的印象，大家都愿意购买他的领带。

（三）渐入佳境

卖了一段时间的领带后，曾宪梓开始经营起一间制作领带的小作坊。渐渐地，他的小作坊逐步变成有一定规模的厂房，他不用再上街摆卖，而是由零售商店登门采购了。这时，曾宪梓亦要奔波忙碌，四处活动，但不是走街串巷叫卖领带，而是到世界各地考察市场，吸取国际领带生产设计的经验，以及与各地市场的经销商建立联系。他先后到法国、意大利、德国、瑞士、奥地利、美国、加拿大、日本等几十个国家，了解领带制作和市场销售情况，并与那里的一些厂商建立了业务关系。

1971 年，曾宪梓在香港正式创立了“金利来（远东）有限公司”，自己设厂织染专用布料，开设专门的设计部门和缝制部门。1971 年，金利来商标在香港完成注册。得益于产品的独特设计、优良品质和强大的广告宣传，金利来产品迅即大受市场欢迎。1973 年，开始在香港本地百货公司自设销售专柜。1974 年，金利来产品逐步由领带扩展至优质时尚的皮具及男士饰物。

从 1981 年开始，曾宪梓就不断利用中国内地最有影响的传媒，连续展开“金利来攻势”，不惜花费当时堪称天文数字的百万元人民币，使“金利来领带，男人的世界”的宣传标语长期占据报纸的重要版面和电视的黄金时间。这种大张旗鼓的广告战持续了整整两年，崇尚时髦的男士们为了“增添光彩”，四处寻觅金利来领带，却始终不见它的踪影，原来曾宪梓根本就没把金利来领带投放到内地市场。直到 1983 年，曾宪梓认为，内地的求购者对金利来领带的渴望程度已经够高了，才不慌不忙地将首批金利来领带送到了内地各大城市的大商场中。果然立刻引发了一场争购金利来领带的风潮。1985 年，曾宪梓担任亚洲领带协会的主席。1990 年，金利来领带在中国内地的营业额达 4 亿多元人民币。曾宪梓把金利来领带推向“世界之最”，金利来领带也把他推上了亚洲领带业的顶峰。

在金利来事业处于巅峰之际，具有远见卓识的曾宪梓又果断地做出了多元化经营的决策。不久，金利来 T 恤、皮带、钱包、衬衫、袜子……但凡男士的衣物和服饰配件，曾宪梓都不放过，全都纳入金利来的世界。20 世纪 80 年代，曾宪梓投入 100 万美元巨资，在广东梅县成立了“中国银利来有限公司”，引进四条国际先进水平的领带生产流水线，使银利来领带首先成为中国的名牌领带。曾宪梓为此特别宣布，原应分配给他的那部分利润，他分文不取，全部捐献给家乡梅县。

三、代表企业

（一）金利来集团

金利来集团有限公司	
公司类型	上市公司（港交所：0533）
成立时间	1971 年
创办人	曾宪梓、黄丽群
董事局主席	曾宪梓
首席执行官	曾智明（董事局副主席）
总部地点	香港
标语口号	金利来领带，男人的世界
产业	服装
产品	服装服饰销售、物业投资与发展
网址	www. goldlion. com

（二）集团历史

1968 年，曾宪梓从家乡梅县迁到香港，创办了金利来的前身“金狮领带公司”，但销路不甚理想，后来发现“狮”与“输”谐音，寓意欠佳，于是改名为“金利来”，随即销量大增。1971 年，金利来采用新设计的商标在香港正式完成注册，同时他还注册成立了“金利来（远东）有限公司”。20 世纪 70 年代中后期，金利来的销售产品由领带推广至皮具及男士饰物系列。1981 年注册成立“金利来新加坡有限公司”，统筹金利来产品在新加坡的销售业务。1985 年，“中国银利来有限公司”注册成立，负责领带的生产及销售。1990 年由新成立的“金利来（中国）服饰皮具有限公司”全面接手其在中国的市场业务。

1992 年 6 月，“金利来集团有限公司”在香港注册成立，同年 9 月，其股票在香港联合交易所公开发售。1993 年，金利来于香港沙田区小沥源建立“金利来集团中心”作为集团业务发展的总部，集团中心楼高 7 层，楼面总面积达 33 444 平方米。

1996 年，金利来在中国推出“金利来香烟”，同年 10 月，金利来以特许经营的形式在国内销售“金利来眼镜”系列。1997 年，“广州金利来集团中心”正式启用，成为金利来中国总部，中心楼高 29 层，大楼面积达 70 000 平方米。金利来在广东省梅州市兴建“梅州综合工业中心”，大楼面积达 25 000 平方米，以进一步加强对金利来产品的品质管控，提高集团的运作效益。随后，还推出以年轻人为目标的维达尼（VAN GARIE）品牌及由法国出品的“金利来葡萄酒”。

2002 年，金利来利用广州市天河区的“金利来数码网络大楼”（原名“广州金利来集团中心”）开辟出近 5 500 平方米以发展“金利来商务港”计划。

2005年，香港市场委聘品牌形象顾问公司研究更新“金利来”品牌风格的方案，于2005年年底在中环兰桂坊开设“TSR”生活概念店，借以营造品牌的时尚高雅形象，金利来亦逐步将香港销售网络重新整合及扩展。

（三）管理层

曾宪梓（董事局主席兼执行董事）
曾智明（副主席、行政总裁兼执行董事）
黄丽群（执行董事）
吴明华（非执行董事）
黄英豪（独立非执行董事）
刘宇新（独立非执行董事）
尹应能（独立非执行董事）

（四）大事记

2001年，开展马来西亚市场服饰业务。

2005年，金利来商标旗帜伴随“神舟六号”翱翔太空。

2006年，开展广东省梅州市房地产发展项目。

2007年，全港首间Goldlion Accessories于尖东开业，为品牌塑造“清新·时尚”的形象。

（五）荣誉及奖项

1991年，获中国纺织工业部颁发的“中国十大名牌服装第一名”称号。

1992年，获“香港总督工业奖”（出口市场推广类）。

1992—1997、1999年，成为全国外商投资十大人均高税利企业之一。

1994、1997—1999 年，成为全国外商投资双优企业。

1995 年，获“全国三资企业名优穿着商品销售第一名”。

1995 年，第五十届国际统计大会中国组委会、国家统计局中国技术进步评价中心授予金利来产品“中国服饰大王”称号。

1996 年，获“全国大商场推荐市场名优商品奖”。

1996—2005 年，金利来领带荣获中国行业企业信息发布中心颁发的“连续十年荣列中国市场同类产品销售第一名”称号。

1997 年，金利来被世界经济论坛评选为“全球最具增长动力的企业”（东南亚地区）。

1997—1999、2001—2004 年，金利来领带荣获中国行业企业信息发布中心颁发的“中国市场同类产品销售第一名”称号。

1999 年，被美国《财富》杂志评为“中国整体最受赞赏的公司”和“最能表现出良好社会品德的公司”。

2001—2006 年，金利来衬衫荣获中国行业企业信息发布中心颁发的“全国十大畅销品牌”。

2001—2006 年，金利来西装荣获中国行业企业信息发布中心颁发的“全国十大畅销品牌”。

2002 年，金利来制衣有限公司荣获“ISO9001：2000 质量体系证书”。

2002 年，荣获中国行业企业信息发布中心颁发的“全国市场 T 恤销售量前五名”称号。

2003—2005 年，获“全国及广东省百家明星侨资企业荣誉奖项”。

2004 年，获“2004 中国最具影响力行业十佳品牌”。

2004 年，获“北京亿元商场十大热销品牌”（西服及衬衫类）。

2005年，金利来西装荣获中国行业企业信息发布中心颁发的“全国五大畅销品牌”。

2006年，金利来被全国诚信单位光荣榜活动组委会、中国消费者报社评定为第四届“全国诚信单位光荣榜”上榜荣誉单位。

2006年，获“香港经典品牌”称号。

2006年，金利来公司荣获“全国质量放心用户满意十佳诚信企业”。

2006年，金利来品牌荣获“北京王府井百货集团最佳销售奖”。

2006年，金利来领带荣获中国行业企业信息发布中心颁发的“中国市场同类产品销售第一名”称号。

2007年，金利来衬衫获国家质量监督检验检疫总局授予的“中国名牌产品”称号。

四、商道分享

“金利来领带，男人的世界”，这一家喻户晓的广告语，曾几何时几乎天天在电视广告中出现，在众多报刊媒体频频闪现。金利来领带，是香港金利来集团的创业产品与拳头产品，是集团有限公司董事局主席曾宪梓先生一手创立的。经过50多年的艰苦创业，曾宪梓成为年产年销数亿条领带的“领带大王”，其产品行销欧、美、澳、亚洲近百个国家和地区。曾宪梓成功的原因，可以归结为其严格的品牌管理、强烈的推广意识及深邃的洞察力。

（一）创立名牌①

曾宪梓高度重视“金利来”名牌的创立。他认为，优良的产品品质、稳定的质量是创立名牌的基本条件。因此，领带制作全过程中须十分注重质量。曾宪梓尤其强调科学管理、专业人才培训与设备更新。金利来从创立名牌、名牌推广到企业扩展，从寻求优势、创造优势到发展优势，从树立产品形象到树立企业形象，沿着三个方向实施三大战略，构成了金利来的发展模式。曾宪梓认为，创立名牌是一个长期而艰苦的过程，需要不懈的努力与付出。这一过程包括：创立名牌意识，产出优良产品，广泛的社会认知和品牌维护四个方面的内容。创立名牌意识，既取决于企业家自身的价值观念、气质精神、抱负，也取决于其对环境和机会的认识、把握。曾宪梓当年目睹了香港领带市场充斥着欧美过时产品的情况，并由此激发了创立华人名牌领带的强烈意识和信心。有了优良且稳定的产品质量，没有广泛的社会认知，仍难以成为名牌。要让公众了解并认知产品和企业，需要大量的广告投入，运用现代化传播手段，树立产品形象。

1970 年，金利来公司设立之初，资金非常有限，曾宪梓抽出 30 000 港元进行广告宣传。虽然在现在看来投入不大，但效果明显，金利来领带的销量开始有所增长。此时，随着营业额的攀升，他再投入十倍乃至百倍的资金继续进行广告推广，使金利来领带的名牌地位在香港得以确立。20 世纪 80 年代，金利来领带进入中国内地市场，曾宪梓采取“引而后发”的策略，提早三年在中央电视台推出广告以培育内地公众对金

---

① 于雁翎．企业实施名牌战略之思考［J］．哈尔滨商业大学学报（社会科学版），2012（4）：70－73.

利来的名牌认知与消费意识。果然又一举成功，创造了领带销售量连年翻番的惊人效益。

1. 品牌创意：中西合璧①

曾宪梓是位富有智慧的经营者，他十分注重市场调查，悉心研究消费者的心理动态和穿着习惯。凭着自己的学识和经验，探索领带的用料、款式、设计的创新，研制出自己产品的独特风格。曾宪梓巧妙地运用心理战术，成功地加大了自己品牌对香港领带市场的占有率。事情的起源应该回溯到曾宪梓创立了金利来这块领带招牌，但还没有着手进行电视专题广告宣传的时候。

金利来商标是曾宪梓 1970 年亲自设计的，它包括商标图案、品牌英文名“goldlion”以及中文“金利来”，三者构成了一个整体牌名。goldlion 的中文译意为“金狮”，有喜庆吉祥的意思，给人带来幸福。狮为百兽之王，喻示在服饰行业里，独占“男人世界”的鳌头，具有王者风采，创出中国名牌、世界名牌。但是，粤语“金狮”和“今输”谐音，为避免不祥寓意，便把英文 goldlion 的 gold 译意为“金”，lion 音译为“利来”，再合而为一，便成了今天的“金利来”。中文名的改动，既不失原来金狮的霸气，又含有金利滔滔的佳兆。牌名响亮，雅俗咸宜，大受欢迎。金利来的商标图案是 goldlion 的缩写“GL”合拼而成的，其内涵还是金狮，其视觉形象则使人们联想到“G”是地球，“L”是金狮，地球上雄踞着一头金

---

① 佚名．金利来［EB/OL］．http：//baike. baidu. com/link？url = 5n2_ jgj_ atOy43SXXto8MOmN7wrDGqsnb - d105KiBjyRnhGud7lH P4qS - 3uZbalX7YkV51Sjm8LpRj6qTTwFc7c5jysGle9Kk743rsVp2IIlBI3hLJWU X_ Ug OuilmQvr.

狮——唤醒东方，预示金利来企业的产品将有无限广阔的前景。英文用毛笔书写，独辟蹊径，飘洒起伏的笔画间，描绘出丝绸之路的逶迤，闪动着东方文化的神韵。

2. 品牌塑造：东风不逊西风①

人生的成功与失败往往在于是否能够及时并且充分利用一切机会，包括适时适当地发现机会、缔造机会，遇到困难时迅速做出相应的决策，牢牢抓住有限的机会，去做其时最应该做的事情。只有真正的成功者才能体会得出稍纵即逝的机会对奋斗与人生的重要性。曾宪梓便是这样一位善于抓住机会、利用机会的成功者。从“金狮”到“金利来”的转变，使得曾宪梓加快了成功的步伐。

尽管当时的情况并不十分令人满意，但曾宪梓仍然持有一个坚定不移的信念——如果金利来产品的质量可与外国名牌领带相媲美，售价又比外国名牌领带便宜的话，只要锲而不舍地努力下去，金利来领带一定会为本地市场所接受。关键在于如何才能够使得金利来领带为本地顾客所认识，如何才能打开这种不被接受的被动局面。曾宪梓不断地反问自己：为什么香港市面上充斥的都是外国的名牌产品？为什么港制产品即使在品质和设计上与外国名牌不相上下却仍然不受消费者垂青？而且特别是当港制产品的原料与外国名牌一样来源于欧洲，款式相同，甚至在做工上比外国名牌更加精致、更求完美的时候，为什么大百货公司对港制产品仍然采取极为消极的销售态度？无论怎样分析，曾宪梓都可以确信，就是因为港制产品的牌子还不为广大消费者所熟悉和接受，还没有成为出名的牌子、出名的产品的缘故。曾宪梓由此更加清楚地认识到，即使有高质量

---

① 曾宪梓．创造中国人的世界名牌产品——“金利来”的经营之道［J］．中山大学学报（社会科学版），1993（1）：1－6.

的产品，若没有一定的名气，品牌则根本不能立足。

任何一个产品的牌子之所以出名，不外乎两个方面的原因：其一，自始至终的品质保证，历史悠久，从而建立了一定的名气；其二，在保证品质的前提下不断地进行广告宣传，使得牌子和产品的形象深入人心，成功树立名牌形象。

3. 品牌推广：广告宣传

当时，深深感到“万事俱备，只欠东风”的曾宪梓也抑制不住地喊出了“成功在于广告”的最强音。曾宪梓认为，三五、万宝路的香烟之所以有名气，就是因为进行了大量的广告宣传。他发现，几乎所有的名牌产品，无论是吃的、穿的，还是用的，之所以出名，靠的就是广告宣传。

（1）概念思维：自动自发。

举个简单的例子，口渴的时候，想喝汽水，人们马上就能联想到可口可乐。这正是可口可乐公司排山倒海的广告宣传所带来的效应。那么，自己的领带是不是也可以做广告宣传呢？广告创造名牌、广告创造成功，对，做广告！打响自己的牌子！曾宪梓不禁从心底发出了呼喊。

但是，世界上的任何事情都是说时容易做时难。曾宪梓虽然从实际中深深感受到，再好的产品不经过宣传推广便不会为人所知，虽然想到自己生产的领带也可以通过做广告来建立一定的名气，但“广告”这两个字对于仍然处于创业初期、常常因财力不足而无法展露拳脚行事的曾宪梓来说，却有着难以衡量的沉重的压力。有时候，曾宪梓会不停地盘算来盘算去，每天应该多推销多少条领带，多少天之后才能有能力支付广告费用。但是无论怎样算还是不划算，要知道，做一条领带的利润是很微薄的。特别是像他这样，好不容易才办起这间领带作坊，在最初最大的愿望也只能是希望每天能尽量多卖一些领带，每天能够有足够的口粮够曾宪梓养家糊口。哪怕是想偶尔在一些报纸上做广告，也不得不受到资金的限制。而且，即使曾宪梓做到最低限度地维持一家六口人的生活，同时尽最大可能地加强劳动强度、降低生产成本，他还是觉得很困窘，深感力不从心。

财富的吸引力、创就名牌的欲望以及强烈的事业感迫使曾宪梓不停地想方设法闯过这道难关。最后，曾宪梓认为，无论自己多么贫穷，在这种竞争激烈的商业社会里，量体裁衣的广告还是必需的。因为长时间的调查研究使他明白，自己的产品再好，如果没有人知道，也是枉然。要想让顾客知道你的产品的存在，就要适时适当地利用各种广告媒体，进行一定的广告宣传。广告的作用往往就在于能够在第一时间将产品的信息传递给消费者，指导消费，促进产品销售；不仅如此，广告还能够在通过宣传媒体传授新知识、新技术的同时，达到刺激产品竞争、繁荣产品经济的作用。产品的存在需要由顾客去感知、去了解产品始终不渝的优质保证，并加以接纳乃至于拥戴。这样，产品的名牌地位才得以建立。曾宪梓看见售价仅仅只需二角钱一瓶的“可口可乐”可以不惜血本地做广告，一元钱一包的“奖牌”香烟可以大张旗鼓地做广告，就很认真地思索着：价钱如此低廉的东西，也愿意为树立自己产品的形象花费一大笔巨款去做广告，说明在如此发达的商品社会中，广告肯定拥有不可估量的力量，外国人可以这样创造名牌，我为什么不可以？

（2）广而告之：通报天下。

曾宪梓毅然决定给自己、给金利来一次大胆地尝试——马上在报纸上做广告。时值 1970 年年中，一年一度的父亲节即将到来，曾宪梓抓住时机，不惜花费近 3 000 港元在报纸上刊登了大幅广告，庆祝一年之中唯一一次属于男性、属于父亲的节日。广告内容非常简洁，内容是：向父亲致意，送金利来领带。广告刊登之后，果然奏效，曾宪梓的领带生意较平时好上几倍还不止。不出三天，永安百货公司、瑞兴百货公司纷纷来电，要求尽快补货。毕竟是从未有过的尝试，曾宪梓还没有来得及从刊出广告之后的惴惴不安中恢复过来，便立即投入到应接不暇的大批量的生产领带的战斗之中了。他一方面扩充工作场地——将他们当时工作和居住的平安大厦十五楼八号对面的一家单位租下来作为工厂，一方面招兵买马、培训员工，开始紧锣密鼓的领带制作工作。曾宪梓带领他的一家老小以及金利来的全体员工，夜以继日地拼命工作。当时，虽然他的脸庞日渐消瘦、眼睛布满血丝，甚至不得不身兼数职——既是工厂的工人又是厂长；既是质量检验员又是产品推销员，但他仍然不知疲倦、精神抖擞地奔波劳作……这次广告，让曾宪梓尝到了甜头。

曾宪梓带领着他的金利来从思索、研究的过程中走出来，并向前跨出了巨大的一步。由于这次广告刊登的时间把握得比较好，使得很多希望给父亲送礼但又不知道金利来领带在哪里能够买得到的人们，拿着登有广告的报纸到各大商场各大百货公司打听，给香港的零售市场留下了比较深刻的印象。其实，在这次刊登广告之前，曾宪梓只是想到广告应该有一定的效果，但还不曾体会到广告如此强大的作用。通过这次广告刊登，曾宪梓不仅赚取了一笔丰厚的利润，而且还使他深深地懂得了广告宣传对于推销一件产品、树立一个牌子的重要性和必要性。曾宪梓的这次初试牛刀，不仅为金利来之后向国际名牌的顺利过渡积累了经验，而且也开创了香港生产商为推销产品、树立品牌而刊登广告之先河。这时候，曾宪梓的金利来领带的事业一直发展得十分顺利，除了瑞兴百货公司继续向曾宪梓讲货之外，光永安百货公司就有永安总公司、永安中区分公司、油麻地分公司、铜锣湾分公司四间分公司同时向曾宪梓进货。

这一切，对于1968年才开始独立创业的曾宪梓来说，不能不算是一件十分令人鼓舞的事情。甚至可以说，这时候曾宪梓无比开心。因为曾宪梓从此解决了他六口之家的温饱问题，从此可以不用再像从前那样过着吃了上顿愁下顿、过了今天忧明天的日子了。直到今天，曾宪梓每逢说到这段时光，就会抑制不住脸上的笑容，就会很欣慰、很自豪地表示，正式打进大公司以后，很随便就有饭吃了。

（二）企业管理

打理一个企业，让创业者头痛的往往是：事无巨细，大大小小的事情都铺天盖地向他压来。而曾宪梓却往往能够不厌其烦地将问题一一解决，将企业梳理得井井有条。

1. 销售创新：顺势而为①

事物的发展永远就是这样，旧的难题解决了，新的难题又迎面扑来。当初，曾宪梓跟洋服店的小店铺做生意的时候就很简单，往往只需拿一些领带向他们兜售："这些都是真正的泰国丝领带呀，不知道对你们合不合适，你们要不要啊?"如果那些洋服店的老板有兴趣，需要的话，就让他们挑选，由于事前带好了发票，这些洋服店的老板需要多少条领带，就开多少条领带的发票，然后再收取现金，手续十分简单。但是，到了与大的百货公司做生意的时候，做法就完全不一样了。

大公司的购货手续十分复杂，所有送到各大百货公司的领带，必须经过公司采购人员、采购经理、男装部负责人、营业主任等各方面的有关人士的层层审核。事实上，有时候领带没有通过审核并不是领带质量不好，而是因为每个人都有自己不

---

① 夏萍：曾宪梓传［M］. 北京：作家出版社，1995.

同的审美眼光。这种做法，对于曾宪梓当时经营的小公司来说，非常吃不消，因为对小公司而言，它们的资金十分有限，所以领带的样板也十分有限，一批一批的领带每每经过这样的“精挑细选”之后，能“登大雅之堂”的所剩无几。曾宪梓马上意识到这个问题的严重性，如果不迅速改变相应的策略，像这样被动地经营下去，金利来很难有大的发展。因而曾宪梓采取了另一种方式，就是大打心理战。一方面他知道自己入行的时间不长，面对林林总总的领带款式，容易眼花缭乱，也确实需要行家里手在领带原料的花色、款式问题上，帮自己做一些相应的判断。另一方面，曾宪梓也实在是很想解决因挑选领带问题所带来的后顾之忧。所以每当欧洲领带原料厂家来香港寻求客户订货的时候，人缘极佳的曾宪梓，便有心请来各大百货公司的采购主管帮忙。曾宪梓请他们用专业的眼光和过往几十年的外采经验，挑选一些迎合顾客喜好的时尚的花色和款式："你们都是这方面的行家，我经验不足，所以特意请你们帮帮忙，帮我挑选一下，看看哪些款式比较合乎香港潮流，在香港市场上会大受欢迎。"事实上，曾宪梓请他们挑选的最主要目的，就是希望表现出对对方的尊重，为将来自己的领带做好之后送到百货公司可以不用再被挑三拣四而打下基础。果然，一如曾宪梓所预料，这些大百货公司的采购主管看了样板之后，真的为曾宪梓推荐了一些比较适合东方人品位的，且在花色与款式上都十分时兴的领带。虽然他们挑选的结果与曾宪梓所挑选的结果出入不大，但是曾宪梓仍然十分谦虚、十分认真地记下了他们选择的款式的型号。

预先挑选并订购的领带原料抵达香港后，曾宪梓便以最快的速度做好领带，并且马上给各大百货公司打电话："上次你们帮忙挑选的领带已经到港，并且我也全部做完了，我先拿样品过来给你们挑选好不好。"这些采购主管马上很爽快地回答道："不用了，不用了。我们上次不是已经看过了吗。这样吧，老曾，你告诉我们现在做好的货一共有多少吧。"曾宪梓不愿意告诉他们太多的数量，因为如果对方进货太多，领带就会被放进仓库里，时间一长，款式过时，造成积压，对曾宪梓十分不利。于是曾宪梓就告诉他们一个比较合适进货的数量。这些主管们就会说："那好吧，你马上把那三十打领带拿到公司来吧。"于是曾宪梓就可以完全按照自己的意愿，给各大百货公司送货。曾宪梓知道这些货都是这些采购主管亲自挑选的，从心理上分析，货到之后他们自然不会再作挑选，因为他们绝对不会推翻自己的选择结果，因为这会说明他们认为自己眼光不对。精明的曾宪梓正好充分地利用了这一点，为自己解决了后顾之忧。随着时间的推移，金利来事业也发展得越来越稳固。

2. 精细广告：独辟蹊径

广告宣传以它巨大无比的魅力，深深地吸引了正在不断地探索和走向名牌之路的曾宪梓。曾宪梓严格执行他自己设计的着手创立名牌的三个基本方法：其一，货品上等，不惜远赴欧洲采货；其二，请百货公司的采购主管替金利来选货、订货，这样不仅符合顾客要求，而且不容易造成产品积压；其三，在力所能及的情况下，不间断地进行广告宣传，打响金利来这个品牌。曾宪梓每天在拼命工作的同时，仍然不知疲倦地为金利来谋划着接下来的每一步行动，只能成功不能失败。曾宪梓决定在每一年的父亲节、圣诞节、春节这三大销售男装高峰期的节日里，抓住时机、不惜重金扩大金利来产品的广告宣传。在他不懈地努力下，不足一年的时间，金利来领带已在香港市场打开了局面，并成功地进入了除瑞兴百货公司、永安百货公司之外的香港多家大百货公司①，如先施百货公司、美思百货公司以及日资大丸百货公司等。甚至一些中小型的百货公司也纷纷携款上门求货，曾宪梓生产的金利来领带也渐渐为港人所知。不仅如此，每逢新春佳节，足智多谋的曾宪梓就着手设计十分吸引人的心理战术。他让各大百货公司负责金利来领带销售的营业员，在销售金利来领带的时候，只要顾客一看到金利来领带，或者一忍不住脱口念出“哎呀，是金利来”时，就以巧妙的方式迅速询问顾客：“您要不要金利来呀？金利一齐来嘢！”这样高明的推销语言，简直叫人欲拒不能。即使有的人不是来买领带的，或者是并不喜欢佩戴金利来领带的，但如果售货员这样一问，再不想要领带的人也无法拒绝了。对于崇尚吉祥如意的香港人而言，金利一齐来啊，怎么可能拒绝得了？

1971年年初，为全港中青年读者所喜爱的《星报》以“金利来令你时刻不忘”为标题，用非常温馨的文字，向市民隆重介绍了金利来领带：“一条领带对男士们来说简直占了他的仪表与风度的一项重要分数，假如一位会选择领带佩衬衣饰的男士，他的仪表必定出众。”“在这里我们特别挑选出一些比较新款的领带供爱好时髦的男士参考：以下所介绍者为金利来洋行所代理的最新运到港销售之金利来一五〇型特称为‘万花锦绣’丝质领带，之所以称为‘万花锦绣’，是因为该型号领带款式之多，是名副其实的。它的鲜艳色泽好像万花吐艳，如果以其搭配白衬衫或五彩十色的T恤，皆得体夺目。”“金利来一五〇型领带不但花色多而且质地又是选用上等的不皱带丝缝制，男士们可到永安、大丸、先施、美思等各大百货

---

① 金利来领带于1969年先后攻克瑞兴百货公司、永安百货公司，于1971年成功攻克占飞百货公司。

公司选购。”“对于女士们来说，如果你的男朋友尚未购买金利来一五〇型领带，便记着替他选购一两条送与他，作为令他时时刻刻都牵挂着你的最佳礼品吧！”[①] 这则发表在《星报》的妇女与时装特刊栏目里的广告，配上佩戴领带的金利来形象代表的优雅的照片，吸引力非常大。这则动人的广告也刊登于1971年的父亲节前夕，广告出来之后，十分引人注目。

20世纪60年代末期与70年代初期，港产货品很少利用广告宣传来打开知名度、扩大销售。至于领带这个行业，更是冷门中的冷门，就是在世界其他的地方，能够专门为领带做广告的企业也是屈指可数。在当时的香港，除了外国经销商为了占领香港市场曾经登过为数不多的广告之外，本港厂家以及经销商对于广告的认识尚处于朦胧阶段，似乎除了曾宪梓之外，有这种胆识的人并不多见。并且能够为利润并不高的小小的领带，大做广告宣传的人更是绝无仅有，所有看到曾宪梓的领带广告的香港人都觉得很特别，于是大家纷纷拿着报纸到百货公司去询问。因此，广告强大的力量再次为曾宪梓带来了源源不断的生意。与此同时，精明的曾宪梓率先发现了橱窗文化的妙用。他要求几家大的百货公司将金利来领带陈列进橱窗里，标上金利来的牌子，以吸引消费者的目光。由于金利来领带在品质及花色上与外国名牌领带不相上下，在售价方面又比外国名牌领带便宜两到三成，所以领带的销路一路呈上升趋势。1971年，金利来（远东）有限公司正式在香港政府注册署注册成立并接替前期金利来公司的一切业务，包括新设计的金利来中、英文商标及图案也一并重新注册在内。

3. 量力而为 vs 不自量力

耗资不菲的广告在考量商人的神经底线。所谓的“远见

---

① 夏萍．曾宪梓传［M］．北京：作家出版社，1995.

卓识”在巨额广告费面前往往却步、隐形。创业初期的曾宪梓是如何处理这一问题的呢？面对商场上不断传来的销量一天比一天好的消息，喜上眉梢的曾宪梓不禁暗暗地松了一口气。他信心十足地以欣喜的目光注视着茁壮成长的金利来，这时候，他并不知道他超前的广告意识和魄力惊人的经商头脑，正强烈地吸引着一个有心人。一个即将改变曾宪梓和金利来的命运的机会正静悄悄地来临：自从1959年中国体育代表团率先夺得乒乓球赛的世界冠军之后，中国开始推行威震八方的“乒乓外交”。

在传媒如此发达的当今社会，广告具有巨大的力量，如果能抓住更好的广告时机，则会有更大能量。20世纪70年代初，正值金利来创业初期，中国内地的“乒乓外交”以小球推动了外交发展，乒乓球由此变得格外引人注目。到1971年，正值中国推行乒乓外交如火如荼之际，再次囊括世界杯奖项的中国乒乓球队凯旋，途经香港，应邀在港举行乒乓球表演赛。刚成立不久的香港无线电视台以它的实力和精明的商业头脑一举夺得了这次乒乓球表演赛的独家转播权。

曾经以欣赏的目光注视着曾宪梓和他的金利来领带的有心人不是别人，正是拥有乒乓球表演赛的独家转播权的香港无线电视台的营业部经理——一个同曾宪梓一样有着远见卓识的商业奇才陈庆祥。这一天，对于曾宪梓和金利来来说都是一个不平凡的日子。陈庆祥毫不犹豫地推开了平安大厦八楼金利来公司的大门，曾宪梓也热情地接待了这位陌生的朋友。陈庆祥环顾四周，在这块面积仅仅几十平方米的小工厂，只有总共不到十个人的生产队伍，但这里拥有的除了最现代的机器和几台国产缝纫机之外，就是一双双勤劳灵巧的手了。而这个典型的家庭手工业工厂的主人曾宪梓居然有胆识在报纸上大做广告宣传，这使得陈庆祥在惊叹之余，更加对魄力过人的曾宪梓由衷地钦佩起来。感慨万分的陈庆祥觉得自己没有来错地方，也没有找错人，他热情地向曾宪梓说明来意之后，继续强调说："曾老板，你在父亲节前夕的报纸上所做的广告，给我留下了深刻的印象，我十分佩服你的胆识。这次独家赞助乒乓球表演赛，对你来说将是一次十分难得的好机会。"因为球赛是独家播出，将是万众瞩目的热点，金利来领带如果能够独家赞助播出，可以充分地利用这个热点使得金利来家喻户晓。

"并不完全因为我是电视台的营业经理，为了做成生意，所以这样渲染一番，而是我在以朋友的身份与你交谈，我真的觉得你和你的牌子以及产品都非同一般，如果不充分利用这次机会实在是太可惜了。特别是电视广告本身就具有比报纸广告更大的威力，它更能吸引观众，达到意想不到的好效果。"陈庆祥这番真诚感人的话语，在曾宪梓的心中引起了十分强烈的反响……曾几何时，曾宪梓在做完报纸广告并收到良好的效果之后，经常在脑海里不停地思索着这样一个问题：怎样才能让自己的牌子更出名、更响亮起来？曾宪梓恨不能拥有这么一个宣传媒体，能以最快的速度、最好的效果牢牢地吸引每一个香港人的目光，紧紧地抓住每一个香港人的心。现在，曾宪梓梦寐以求的机会终于来了。这时候，就是陈庆祥不如此生动、如此真诚的推荐，曾宪梓凭着自己经商的经验和深刻的领悟力，也能体会得出这次专题广告将会给金利来带来多么巨大的影响。曾宪梓努力按捺住自己兴奋的心情，在诚挚地感谢了陈庆祥之后，询问了这次专题节目的赞助费。

陈庆祥告诉曾宪梓说："曾老板，这次比赛，电视台能拿到独家转播权成本也不低，所以赞助费也不便宜，得三万港元。""三万港元，我的天！"曾宪梓不禁倒抽了一口凉气，忍不住连连摆手说道："陈经理呀，三万港元可以买下我现在租住的这间五十几平方米的房子啊！对不起，实在是不好意思，我虽然非常想争取这个机会，但心有余，力不足。”曾宪梓的担心不是没有道理的，他虽然有胆量拿出几千元在报纸上做广告，但这种冒险毕竟是在他的承受能力范围之内的。但现在不同了，拿买一间房子的钱去做广告宣传，万一大量的资金投放出去后收不回来怎么办，那可是倾家荡产也还不起的呀！特别是他这个天天为六口之家奔波的人，如何有能力支付得起这笔昂贵的赞助费呢？曾宪梓的为难已在陈庆祥的意料之中，对于像金利来这样一个小作坊式的工厂，连自身的生存场所、工作场所都是租来的，要想拿出如此巨额的资金，去赞助电视台为宣传自己产品的牌子而做的广告，不能不说是一件铤而走险的事。

陈庆祥也不禁像曾宪梓一样陷入了欲做不能、欲罢不能的思虑之中，如果曾宪梓真的不做这次广告的话，凭自己多年的经验，他会发自内心地替曾宪梓感到惋惜：“曾老板，说心里话，我能够理解你目前的难处，但是，你我都知道，机不可失，失不再来呀。做这个广告是有很大的风险，但是如果能有效利用这个机会，冲出来也就真的冲出来了。”“再说，我也在分析，你前几次广告的效果都很好，这说明一个情况，你的牌子、你的领带还是比较受欢迎的。按照常规，电视广告播出后更能引人注目，广告效果将更加理想。这样看来，如果真是冒险，也不算是盲目的。所以，曾老板，我建议你不妨一试。”曾宪梓听了也十分心动，但一想到高达三万港元的巨款，又觉得十分为难：“陈经理，听你这样一说，我也觉得确实应该把握好这次机会，可是，就算我现在愿意冒这个风险，我也没有这个能力呀，我实在是一下子拿不出这么多的钱来。”陈庆祥听后，沉思片刻，便说：“你看这样好不好，我给你做个通融，我可以等你做完这次专题广告之后再收钱，而且是以分期汇款的方式收取，也就是说，广告播完之后，每个月三千港元，分十个月付完。这样一来，你就不会感到太大的压力，并且有精力充分利用这次广告宣传，达到增加知名度、促进销售的目的。”曾宪梓听了十分高兴，虽然这时候他在心底里还是担心广告播完后没有效果，收不到足够的钱来支付这笔费用，但他转念又想：做生意总是要冒一定风险的，而他这次不是去冒可有可无的风险，而是利用乒乓球表演赛这个全港万众瞩目的良机，为自己的工厂创造一个建立名牌、扩大销售的机会，何乐而不为？自己又有什么理由放弃呢？更何况，在这香港与内地不相往来的时候，能够利用自己身在香港的优势，为国家做一些有意义的事情，这不正是自己当年离开祖国时的心愿吗？就算这次失败了，就变卖一切来偿还债务，也没有什么了不起的，大不了再带领一家老小从零开始，而且，只要自己能吃苦耐劳，养活全家是不会有太大问题的。

想到这里，曾宪梓决定孤注一掷，便意志坚定地对陈庆祥说：“谢谢你能够这么诚意地给我这次机会和对我的大力支持，其实我对于广告的作用一直是深信不疑的。”“我现在决定，这次专题广告我做定了。只是最后有一个要求，就是拍摄金利来的宣传片的问题，广告的文字我可以自己创作，但拍摄制作方面以及演员方面希望得到你的帮助。”见到曾宪梓终于敢冒险做广告，陈庆祥心里既佩服曾宪梓的这种勇气同时又替他的决定感到高兴，便爽快地说：“没有问题，制片和选择演员方面由我负责，而且费用也由我来承担。”广告获得了出人意料的成功。陈庆祥请来当时最著名的、号称“东方猫王”的歌星郑君绵来为金利来产品作介绍。郑君绵富有磁性、撩人心魄的男中音，再加上曾宪梓以鲜明的主题、新颖的创意，以及强烈的艺术感染力所撰写的广告词：“斜纹代表勇敢果断，圆点代表爱慕关怀，方格代表热情慷慨，细花代表体贴温馨，丝绒代表温暖保护……”把人们带入了五彩缤纷又温馨备至的世界。特别是"金利来领带，男人的世界"这句广告词，充满了吸引力，一下子刺激了人们的购买欲，唤起了人们想尽快拥有金利来的希望。广告每天都播，每一句金利来的广告语，都在几百万香港人的口中争相传诵，不到一个星期，乒乓球表演赛的盛况轰动全港，金利来领带借此成为香港家喻户晓的名牌。广告效用的确发挥得淋漓尽致，订单如雪花般向曾宪梓飞来。由于领带的销量直线上升，负责生产的工人由五个增至二十个，直至三十个，分日夜班快马加鞭地赶货。充分利用电视广告来宣传自己的曾宪梓，就这样成功地打响了金利来这个品牌。一如人们后来精彩地描述："中国乒乓球队此时早已转战南北，再树功勋去了，他们怎么知道，他们在这里留下了一个微笑，那是亚洲领带业的崛起，一个'领带大王'的微笑。"

4. 冲突解决：坚持原则

金利来对于解决商业利益冲突，一贯坚持两个原则：第一，金利来领带是好的，是超水准的，跟世界名牌是一样的，但价格低了30%。凡是批量购买金利来领带的，必须不准拣货。第二，现金交易，先款后货。为了保障销售商的利益，允许一年之内积压4%的商品返新货给他，保证其利益不受到损害。

有一次，曾宪梓基于口头协议接了一家百货公司的订单——50打泰国式的领带。当年由于泰国丝产量少，市场价格飞涨。如果曾宪梓执行口头协议的价格的话，要承担巨大亏损。有经理表示，由于没有书面合同，可以不予交货。曾宪梓断然否决，表示口头协议亦须遵守。他向对方言明，这50打按照原来的价格算，是亏损的，但是之后的价格要按照新价格。此后对方跟商界朋友说，金利来曾宪梓是极其靠得住的，他完全可以质疑协议形式修改或者否认合作。但他非常看重金利来的信誉，曾宪梓的信誉是可靠的。所以虽然曾宪梓这一笔生意亏损了，但是在诚信方面赚了——这对金利来与曾宪梓而言，是取得成功至关重要的因素。从这个意义上来讲，吃亏是福。曾宪梓与金利来赢得了公众的尊重。

（三）曾氏智慧①

曾宪梓认为做生意是智慧的比拼，而他在实践中则将其经商智慧发挥到了极致。

1. 零起点：真诚交友

曾宪梓认为，做生意也是交朋友。做真人，交真朋友，要有真货，真价钱。当别人咒骂呵斥的时候，该如何面对？曾宪梓想知道客户为什么骂，为什么呵斥，希望能够从中学到一些东西。他是学生物的，对打理生意本是门外汉，所以必须在受苦中成长。苦中有乐，苦中作乐。

父亲节前夕第一次广告的成功，令曾宪梓信心倍增。曾宪梓是客家人，讲不好普通话，广东话也讲不好，经常被洋货部、旅游局、旅游部门的商店赶出来。有一次，一个专门做西服的洋货部的老板，很大声地呵斥了登门拜访的曾宪梓，他只好退出来。曾宪梓不知道自己为什么挨骂。但他仍然首先检讨自己，是不是自己做错了呢？第二天下午，曾宪梓西装革履地登门拜访，没有拿领带，只是请老板喝咖啡。“老板，我为昨天的举动向您道歉，并且请您指教。”本来曾宪梓挨骂，心里面有气，但是他不敢表现出来，他要做买卖，要学做买卖，要找饭吃，养活全家。洋货部老板坦言，曾宪梓的出现影响了他招待客人，把他的生意搞砸了。大家交换意见以后，就成了好

---

① 曾宪梓．创造中国人的世界名牌产品——“金利来”的经营之道［J］．中山大学学报，1993（1）：1－6.

朋友，洋货部老板后来主动向曾宪梓提出进货。

金利来领带的售价开始比其他港制领带更加昂贵了一些，它不再是60港元一打，而是按照曾宪梓的话说是“胆子大了一些”，卖70港元一打。再以后，曾宪梓的“胆子更大一些”，领带居然可以卖到84港元一打。不久，由于市场的发展，那些百货公司的朋友主动打电话给曾宪梓，并告诉曾宪梓，他的领带还可以卖得更贵一些，他们建议曾宪梓将领带的售价调到96港元一打。因为，像曾宪梓制造的这样优质的领带，卖得太便宜了顾客会觉得奇怪，感到不值。这些百货公司的朋友与曾宪梓相处得很真诚，他们不仅指导曾宪梓应该怎样做生意、应该怎样有效地树立自己的名牌形象，而且还十分支持曾宪梓超前的广告意识。崇尚“以心换心”的曾宪梓，对于这些不遗余力帮助他的朋友，心里充满了感激之情。曾宪梓很珍惜与这些朋友的友情，他觉得在茫茫人海之中，特别是在当时那样一个尔虞我诈的商业社会里，大家从素不相识到成为知己，本身就是一件很难得的事情。所以，他与这些朋友始终保持着亲人般亲密的友谊，直到今天，还有往来。

2. 稳健经营：笑傲商场

曾宪梓推崇稳健经营的理念。他坦陈，自己曾经食不果腹，读大学时还没鞋穿。“35岁以前穷怕了。我35岁开始创业，做生意慢慢赚了点小钱，我就不舍得冒大风险。冒大风险做大生意，可能发大财，也可能血本无归。我可不想我老年受苦，也不想我的小孩受苦。”① 曾宪梓的理想非常朴实：第一是养家，解决一家六口人的生活问题；第二是做生意，也是为了解决一家六口人的吃饭问题，因此曾宪梓决定做领带。曾宪

---

① 柳青．金利来曾宪梓：领带大王的男人世界[EB/OL]．http：//news. 28. com/redian/caifurensheng/n－521842. html.

梓之所以选择做领带是因为“第一，容易做。我看过别人做领带，很简单，一看我就会。第二，本钱少。别人能靠做领带谋生、养家，我也可以。因此就入了领带这一行”。曾宪梓说，刚开始他希望能赚钱买到一套房子；有了房子，因为送货需要车子，他又努力买了一辆车子；买了车子以后，他继续努力，又购置了厂房；购置了一间厂房以后，生意继续发展，不单单做领带，还做皮带、钱包、T恤衫、西服、鞋……“我每天努力做，每天有每天的要求。今日总结，明天又有新的要求。明天总结，后天又有新的要求。日复一日，年复一年，就发展了。”①

曾宪梓的小本生意起初发展稳定。但他意识到，不能长期如此。于是，他一边做平价领带保证生活，一边研究市场，同时思考怎样创新产品、提升质量。他每天想，走也想，坐也想，睡也想，想出办法就付诸行动，金利来就这样逐渐走上了高档领带的发展道路。曾宪梓了解到，世界上的名牌领带，原料皆产自欧洲，于是他也去欧洲订货，但要怎么做才会有优势？第一，专门买与名牌产品相类似的花色；第二，大家同时去订货，曾宪梓用飞机不需三天就将领带运到香港，所以金利来领带很快就能上市，而那些名牌产品要迟好几个月才能上市。当时，金利来领带很快占据了整个香港市场，并且雄霸东南亚市场。就这样，曾宪梓从做低档领带开始，逐渐发展到中档领带，再到高档领带。另外，曾宪梓还有一个保险的订货方法。比如，他每年去一次欧洲，带着很多经理去订货。订了货，直接签合同，马上拿货，迅速上市。如果第一批货好卖，就会发电报给供货方，让其准备好第二批货；如果第一批货不

---

① 纪爱玲．曾宪梓：与自我智慧较量［EB/OL］．http：//finance.sina.com.cn/chanjing/b/20090810/14246595207.shtml.

好卖，那么第二批货就不要了……这样，生意好时有货卖，生意不好时也不会有损失，进可攻，退可守。1974 年金融危机期间，香港地区许多公司几乎破产，曾宪梓就是用这种方法使公司保全下来。

在很多人看来，曾宪梓的生意经很不讲常理。“我做生意是有点‘怪’的。别人要买我的产品来卖，我摊开账本给他们看：我的成本是多少，我赚了你多少，你能赚多少。”① 曾宪梓说，买方赚得多，推销你的产品才有干劲。正是靠这种“你有利，我有利；你大利，我小利”的经营方式，曾宪梓自豪地表示，他从第一天创业开始，从来没亏过本。不论是赚得多还是赚得少，一定要赚，但是他自己赚得少，别人赚得多。“对做生意，我很有兴趣，也很有信心。我觉得，做生意是智慧的较量，是自己与自己斗争，自己考验自己。”② 曾宪梓说，有位来自东南亚的老板，每年都向他订货。有一次，该老板提出预订 10 000 条领带，他表示最多只能卖 3 000 条，并给对方分析：你先买 3 000 条领带，既可压低货款，而且可以利用第一批 3 000 条领带的利润，采购第二批货，并且这样每次都有新货卖……对方采纳了曾宪梓的方法。结果，最后对方卖了 30 000条领带！“我用我的方法，初看少卖 7 000 条，实际最终多卖了 20 000 条。”曾宪梓说。

3. 危中求机：化危为机

1973 年香港股灾时期，香港经济非常困难。金利来的生意虽然很好，但是金利来在供销体系中是很被动的，往往受制于百货公司限货、订货、送货的规定程序。由于进货款项，百

---

① 吴颖．曾宪梓：“经商就是智慧的自我较量”[EB/OL]．http：//news. xinmin. cn/rollnews/2009/12/01/3010741. html.

② 纪爱玲．曾宪梓：与自我智慧较量[EB/OL]．http：//finance. sina. com. cn/chanjing/b/20090810/14246595207. shtml.

货公司有着年度额定指标。指标达到之后，领带销路再好，百货公司也不会再额外进货。金利来怎么办呢？曾宪梓跟销售方老板商量，借个领带架子，借个台子，金利来自己送货，自己卖，大家分成，所以在当时的困难情况下，曾宪梓创新地提出“专柜”概念，这是金利来的商业贡献。专柜不但使得金利来摆脱了销售方的控制，而且将营业额提升了五倍，是很成功的案例。

金利来有辉煌的过去，然而，随着品牌粗放经营时代的结束，它面临着创新的压力。2000 年，罗活活辞任金利来集团总经理，曾宪梓请出时任武商集团总经理胡冰心出任金利来集团大中华区行政总裁，拉开“金利来二次革命”的序幕。这场革命可谓壮士断臂：“砍掉”50 多个经销商，重新打造职业经理人和管理团队，重新组织生产供应链贴近市场，公司由生产经营型向服务型重大转型，艰苦建立管理信息化和科技平台。金利来拥有上千个销售点组成的营销网络，重组的重要内容，就是对此进行精细化经营。经过重组，2001 年业绩同比增长了 40%。但金利来仍然面临品牌创新压力。

曾宪梓坚持“稳定发展”，服装业和其他行业一样需要资本运营对抗企业风险。在那个年代，部分企业还处在靠原始积累而发展的阶段。因为这些企业还主要在靠回款的滚动来筹备投资。但通过原始积累的资金来运营的企业，是无法保证其年度计划，甚至月计划的资金到位的。2008 年，国际金融危机爆发，很多企业管理者焦头烂额，曾宪梓接受媒体采访时却表示，国际金融危机对金利来集团一点影响都没有，自己照样安心睡觉。曾宪梓表示，经济形势不好，并不表示他的业务欠佳。金利来公司向来量力而为，谨慎使用财务杠杆，不靠借钱发展。全世界不论谁要买金利来产品，都要掏现金，因此金利来没有烂账。

4. 隐忍不发：棋高一招①

曾宪梓在获得一定成功后，颇有信心地把目标瞄向更具实力的占飞百货公司。他带着用进口的高质面料制造的高档金利来领带登门拜访。但是，曾宪梓的诚意推销举动被极为排斥港货的占飞百货公司老板非常不客气地回绝了。数月之后，曾宪梓通过自身的努力，成功地打入了永安百货公司的销售市场，并且销量不俗。一心想扩张市场份额的曾宪梓，不肯放弃哪怕是一丝的希望。他认为“事实胜于雄辩”，既然可以被永安百货公司接受，就应该有可能被占飞百货公司接受，于是他再次上门拜访占飞百货公司，希望再次推销自己的高档金利来领带。曾宪梓哪会知道，这一次占飞百货公司的经理更加厉害，简直到了恶狠狠的程度，他甚至不给曾宪梓介绍自己产品的机会，便马上吼叫道：“你走，走得越远越好。从今以后你不要再来麻烦我，你给我记住，永远不要再来麻烦我。”碰到这种情景，曾宪梓非常错愕，也不便多说什么，只好忍气吞声地对这位经理连声说道：“好！好！好！我走，我走。对不起，打扰了。”在回家的路上，曾宪梓心里特别难过，他甚至愤愤不平地想着：“就算你不愿意再看到我，不愿意买我的货，也不要把话说到如此绝情、如此不容人的地步，怎么能够把话说得难听到一点余地都不留的地步呢？”

不过，占飞百货公司经理的这种做法，实在是应了“人算不如天算”的俗语。到了1971年，通过“乒乓球表演赛”的广告宣传，使金利来这个品牌名声大振，全香港各大百货公司男装部领带的销售额直线上升。占飞百货公司的经理看在眼里、急在心中。就像人们常说的“世界上只有永恒的利益，没有永恒的敌人”这个道理一样，作为以赚钱为最终目的的

① 夏萍. 曾宪梓传［M］. 北京：作家出版社，1995.

生意人之一——占飞百货公司经理自然不愿意放过这个赚大钱的机会。于是，事情出现了反转。某一天，曾宪梓仅有五十几平方米的商住式工厂，迎来了两位陌生的客人——占飞百货公司经理的儿子和占飞百货公司男装部的朱部长。他们首先对此前的不快向曾宪梓做了一番较为圆满的解释，然后非常认真地对曾宪梓说："曾老板，我们是慕名而来的。您的金利来领带这么有名气实在是应该恭喜您才是。现在我们特意来向您买领带，我们的需求量是一百打。希望曾老板帮帮忙。"曾宪梓万万没想到占飞百货公司居然会主动上门要货，由此可见广告宣传的力量是多么强大。虽然曾宪梓很想卖货给他们，但还是很为难地对他们说："对不起，谢谢你们的到来，不过我目前还不能卖货给你们，请你们原谅。"客人听曾宪梓这么说，很着急，认为曾宪梓是计较此前遭到无理对待的缘故，故意抬高姿态，不卖货给占飞百货公司。因此朱部长很急切地对曾宪梓说："曾老板，请您不要再计较从前啦，我知道以前是我们不对，但现在我们是诚心诚意地向您买货，而且我们带来了现金，与您现货交易，又不拣货，只要是您生产的领带，一切都由您来分配。"在当时，金利来领带的售价已经节节上升，由每打售价 96 港元上升到每打售价 120 港元。100 打就是 12 000 港元。能够拿出 12 000 港元现金来提货，这在当时也是相当不容易的。

但曾宪梓依然没有应允他们的请求，他很耐心地解释说："朱先生，你们可能是误会我的意思了，我并不是计较从前，只是其他百货公司需要的领带的数量太大，我现在就算是答应了你们，但到时候如果实在交不出货来，我岂不是失去你们对我的信任？不如以后再说吧。"于是，曾宪梓请客，十分热情地招待了占飞百货公司的客人，并再三地向他们做了更加详细的解释："朱先生，你看，现在差不多快到圣诞节了，再接下来不久就是中国的农历年了，到目前为止，永安百货公司、大人百货公司、瑞兴百货公司、先施百货公司等大型公司的订单络绎不绝，数额从数十到数百的都有，而我现在的工厂仍旧这么小，工人也只有这么多，我的货的的确确是到了供不应求的地步了。”“虽然，我已经发电报到德国去订货，但最快的货品也要一个星期之后才能抵港，所以我很为难。”“况且，现在就是我能够拿出一百打领带的货卖给你，你不是卖完一百打领带就算了的，你还要向我补货的，如果到时候你要补货，而我又没有货补给你，那岂不是不守信用吗?”“还有，我现在把货给了你，其他人没有货，那岂不是对其他的人不守信用?如果大家都开始对我不信任起来，那我的生意不就没法做下去了，所以在这一点上我希望你们能够理解我的难处，能够原谅我。”“要不这样，明年吧，今年实在是不行了。过了新年之后，你如果需要货的话，就来告诉我，我可以预先替你们准备好你们所需要的货。”占飞百货公司的客人走了，走的时候也预先约定好明年需要的货。

虽然金利来当时的库存很有限，可曾宪梓确实很想出货。毕竟，一百打现金交易的领带订单还是颇为诱人的。而且，如果有心，赶制出一百打领带也并非不可能的事情。但是，曾宪梓忍了又忍，还是没有接单。不过，精明的曾宪梓不接单，并不是纠结于此前的不快而欲报复的缘故。曾宪梓自有他的打算，到手的钱不赚，肯定有他的巧妙之处。香港这个地方说大不大、说小不小，“同行如冤家”，行业内的情况传来传去，十分迅速。第二天，就有一些从事商务代理的营业代表前来游说曾宪梓：“老曾啊，你就卖给他们嘛，他们现在确实很需要你的货呢。你以为进他们公司是一件很容易的事情吗，你应该知道的，一般人也不容易进他们公司的，你这次不卖给他们恐怕不好吧?!”曾宪梓也不生气，仍然十分热情地款待所有的客人，并笑眯眯地解释说：“我是想卖货给他们的呀，但你们可以看看我的订单，再看看我的货，我实在是赶不出那么多的货来，怎么办呢？有货我当然会卖呀，有生意不做，我岂不是傻瓜一个吗？”于是，一切如善于打心理战术的曾宪梓意料之中的，不到两天，这些得到最新情报的营业代表们到处宣传开了：“哎呀！金利来生意好得不得了啦，现在有客户拿现金跟他买一百打领带他都不卖呀，金利来订单多得供不应求了，连明年的货都已经开始下单了。”消息传播得惊人的快。一传十，十传百。不久，永安百货公司、大人百货公司、先施百货公司等大大小小的百货公司纷纷来人来电，要求延长订货期，缴付定金，并努力增加订单。顷刻之间，“略施小计”的曾宪梓，一下子将金利来的领带生意又增加了几千打。

这是一段让曾宪梓不知疲倦、通宵达旦地工作，却心满意足的日子。那时候的生意非常好，广告效果一天比一天更加显著。1971 年年底，曾宪梓利用广告宣传所带来的丰厚利润，已经使金利来在业界脱颖而出——仅在这奋力拼搏的一年里，曾宪梓通过小小的领带获得的纯利润居然超过 100 万港元！彼时的 100 万港元，已是巨额利润，相当于今日的几千万港元！曾宪梓从 1968 年一穷二白地开始创业，到 1971 年年底，总共不过四年的时间里，竟然可以凭着自己的一双手，凭着自己“勤、俭、诚、信”的经商原则，凭着自己超前卓越的广告意识，凭着自己不可多得的商业智慧，一点一滴积聚财富。

曾宪梓说：“做生意要有办法。”自己没有读过经济学，也没有读过工商管理，做生意的办法都是自己在实践中想出来的。在内地做广告则是金利来的又一杰作。1981 年至 1982 年间，伴随着改革开放的大潮，中国内地兴起了 20 世纪 50 年代以来的第一次西服热。从国家领导人到穷乡僻壤的头面人物，都改头换面，脱去中山装，换上西服，领带一跃成为内地的抢手货。作为“领带大王”，肯定会对此有所考虑。曾宪梓决定进军内地市场，但其手法却非常另类，他的进军是“雷声隆隆而雨不至”——只做广告而不放货。一方面，内地各主要电视台、报刊上被金利来领带的广告所充斥，那句广告词“金利来领带，男人的世界”迅速成为内地人耳熟能详的流行语。另一方面，内地的大小商店里却一直没有见到金利来领带的本尊。想进入“男人的世界”的顾客在焦急地等待，热切地询问，等着销售金利来领带大赚一笔的商家则焦急地催问批发商金利来何时到货；明察秋毫的新闻界也为金利来的迟迟不到百思不得其解。曾宪梓却一反常态，不理睬部下的建议，任由领带在仓库堆积。好一个稳坐钓鱼台的曾宪梓！他这一手钓得多少人在为金利来而焦急、渴望，而这无疑都大大提高了金利来在内地消费者心中的地位。金利来终于在内地上市了！这可真称得上是“闪亮登场”。1983 年，曾宪梓一声令下，大批金利来领带如浪潮般迅猛涌进内地的大小商店。那份华贵、那份高档，再加上久久的渴望，瞬间俘获了顾客的心，系金利来领带成为莫大的荣耀。金利来领带的内地上市大获成功！

五、文化特质

曾宪梓是典型的客家人，是吃客家饭、喝客家水长大的山区孩子。成年后，无论他怎样走南闯北，其行为举止始终都映衬着客家精神的光辉。

（一）成功圣经：勤劳、节俭、诚实、守信

人生是个漫长的过程，曾宪梓认为，人要在社会上立足，首先要有自己的人品人格，他遵守的原则，就是“勤俭诚信”，实际上是八个字：勤劳、节俭、诚实、守信。勤劳可以创造物质、创造财富。节俭，就是节省，省吃俭用，可以积累

资金。诚实，生意交往之中如果不诚实，就交不上朋友，没有朋友，就没有事业。守信，是事业的生命，用于协调商业利益和自己内心的坚持之间的冲突。

曾宪梓深有感触地认为“取之社会，用之社会”是金利来企业的一种精神。企业发达了，利润丰厚了，就应该回报社会、帮助社会、支持国家、救助民众。这种精神取决于创业者的价值观和社会责任感。曾宪梓本着这种精神，屡屡解囊资助内地的各种公益事业，如捐助1亿港元助力中国教育事业，对一些遭遇天灾人祸的地区亦给予巨额资金赈灾扶助等。这些义举和回报社会的精神，在彰显正能量的同时，对金利来的企业形象与曾宪梓的个人形象均起到了积极作用。如今，曾宪梓因患肾病每天要做透析，行动不便，但他依然坚持着一种乐观健康的生活方式。“出来40多年，没有去过夜总会，没有去过舞厅，不抽烟、不喝酒、不赌博，每天就只知道埋头努力工作。直至2009年7月份，我每天的伙食费只有30元。随后物价上涨，从2009年8月份开始每天生活费涨至50元。”曾宪梓的日常支出就是这样。①

（二）家国意识：思想传统

曾宪梓创立金利来，立足香港并屡获佳绩。20世纪70年代中期，他首先以投石问路的方式向家乡梅县的华侨大厦赠送了两部汽车。那天，曾宪梓怀着激动的心情，返回阔别多年的故乡，受到家乡人民的热烈欢迎。当曾宪梓怀着复杂的心情，看到经历“文革”后，家乡的工厂、学校和民居变得破烂不堪，乡间学校的数目还不如新中国成立前，忍不住热泪盈眶。

---

① 佚名．金利来董事长曾宪梓的智慧［EB/OL］．http：//www.tceic.com/8j03i74ilk4733687k21gg1g.html.

想到自己深受祖国的培育之恩，但未能留在国内参加经济建设，心里更是觉得十分不忍，一种儿子对深爱母亲未尽天职的惭愧之情油然而生。曾宪梓从此更加坚定了自己的信念：他要创造更多的财富，为祖国的经济腾飞做出应有的贡献。曾宪梓常对人们说，新中国成立前，自己的家里很穷，从小被人瞧不起，小学毕业后就没有机会读书了，新中国成立后，他才有机会重返校园。自己就是靠着国家的助学金才得以顺利读完中学、大学的。所以要尽职尽责地回报祖国、回报家乡。1977年，曾宪梓给母校东山中学捐建了第一座教学大楼。从那时起，曾宪梓就规定自己每年要按实际能力为家乡的教育事业解决各种难题，开始每年捐50万以上，以后逐年递增，从100万、300万、500万、1 000万……他决心这样持续捐赠下去。

曾宪梓多年来为祖国和家乡的教育事业做出贡献的同时，更为体育事业的发展贡献了一份诚挚的爱心。他觉得只有体魄强健的民族才可以摆脱贫困、走上富裕的道路。于是，曾宪梓利用家乡“足球之乡”的优势，投资兴建足球场，捐资举办足球邀请赛，资助足球队外出比赛。热爱足球的曾宪梓不仅仅局限于对中国足球事业的关注上，对于中国的整个体育事业，他都不遗余力地倾注了满腔热情。曾宪梓说：“祖国和家乡是生我、养我、育我成长的地方，祖国有恩于我，我必须终身回报祖国。只要金利来不破产，曾宪梓不死，我对祖国的回报就不会停止。”① 曾宪梓，一个将自己的躯体、灵魂、金钱乃至生命与中国的繁荣昌盛、中国的前途紧密联系在一起的中国人，似乎随时都可以为他的祖国喷洒满腔热血。在今天这样一个市场意识浓厚的社会里，曾宪梓的高风亮节，是所有炎黄子

① 刘北辰．为男人世界添光彩——香港金利来集团有限公司董事长曾宪梓剪影［J］．企业家天地，1996（7）：48.

孙、龙的传人共同的骄傲。

（三）文化经商

文化经商，是透过品牌的文化力去赢得消费者和社会公众对名牌产品及企业的认同感，从而取得促销产品、提升企业形象、强化品牌地位的效果。金利来的企业经营策略观中，减价促销被列为下策，广告促销被列为中策，而将文化的、形象的、情感的经商列为上策。为什么呢？因为降价促销将不可避免地对经销商与生产者、消费者三者造成伤害，所以是万不得已才采取的办法；广告能带来促销效果，但广告如果做得不好，效果可能是暂时性的甚至是负面的。而文化经商则可以长久地赢得消费者，从内在感情与消费观念方面取悦于消费者。应该说这是商家孜孜以求的目标，但又非皆能达到的境界。

文化经商，是市场竞争中一种深层次的、高水平的、智慧型的竞争。当美国西部牛仔服畅销全球，琳琅满目的牛仔服饰出现在我们的服装市场，长期流行于中国青年中的时候，我们感受到的不仅是来自服装行业的冲击，更重要的是一种代表着豪迈潇洒的西方文化的冲击。同样，当我们发现周围麦当劳快餐店忽然间多了起来，并为愈来愈多的城市快节奏人士所接受的时候，我们体验到这是一种西方文化的渗透与延伸……服装行业是一个十分特殊的行业。服装与服饰是展现并彰显人的个性的文化。因此，金利来在其经销方式与品牌战略中，十分注重文化品位。金利来向消费者输出的不只是产品，更是一种文化、一种观念、一种潮流。

1. 经营理念

金利来品牌的文化力，贯穿于经营者的经营理念，产品的外观设计与包装，富于情感因素的广告文案，以及促销活动的文化氛围等。金利来品牌的文化根基，在其始创者曾宪梓所奉行的“勤俭诚信”的经营理念中，可窥视到中华民族优秀文化传统的深刻印迹。勤能补拙，俭能守业，而唯诚和信，方能长期取信于消费者，使金利来获得永续经营，开创名牌基业的根本所在。

金利来“诚”和“信”的经营理念，主要表现于数十年如一日贯彻曾宪梓“不做骗人生意”的商业道德观。具体体现在产品质量与品质的追求上，尽善尽美，一丝不苟。永远给消费者购买金利来就是在享受上乘且精美产品的信心。

2. 文化品位

金利来的文化品位与内涵，可以从金利来领带、T恤、衬衫、化妆品等的产品用料、华丽外观与精心设计中得以显现，或尊贵，或高尚，或典雅，或浪漫传情。金利来领带意味着选用上乘的布料，欧洲一流的设计师，每年推出数千个花色品种，每时每刻、点点滴滴地传播着服饰文化潮流。

3. 促销活动

在促销活动中，金利来更注重其历史与文化背景的介绍。金利来在内地进行的第一次公开的品牌文化宣传，是第十一届亚运会前，在北京举办“百名男主展风采”活动的同时，时任公司经理罗活活女士做了题为“金利来的文化背景”的演讲。这是一次开创性且极具文化氛围和感染力的情感交流活动。罗女士从曾宪梓强烈的爱国自强精神、立志创立中国自主名牌开始，讲到金利来的成功开拓，走向国际，成为海外华人的骄傲。当讲到外国大亨们提出欲重金收购“金利来”品牌，曾宪梓坚持说“不”时，全场响起经久不息的热烈掌声。听众向罗活活女士送上鲜花，围过来紧紧握手……那场面，的确令人感动并且热血沸腾，它不只属于金利来，它远远超出了产品推销的商业境界，而是通过品牌的文化交流，唤起了一种强烈的民族自尊、自强与爱国的激情和共鸣……

在金利来专卖店或专柜上，金利来出售的不只是产品，更是一种文化，一种令男人迷恋与追求的文化，一种令男人自豪与酷爱的消费观念。在对全国金利来专卖店的店长培训与内部员工教育中，金利来管理层也一以贯之地进行金利来品牌文化与历史的灌输。

（四）形象经商

伴随信息时代的到来，科学技术日新月异的发展，同类产品在质量、花色、品种等方面的差距愈加缩小，甚至几乎难分伯仲。消费者面对形形色色的商品，难以有效辨识其质地优劣，更多的是盲从跟风，认准名牌购买。商家若仅靠质优价廉这种传统经营理念，显然难以稳居市场一隅。企业与品牌的形象，开始上升为竞争的主要手段。这就意味着“形象行销”时代的到来。在金利来的品牌战略中，“形象经商”即将企业及产品的优良形象植根于消费者和社会公众心中，凭借长期作用的形象力，引导消费者的购买行为。金利来的“形象经商”目标是致力于在社会公众与消费者中塑造良好的企业形象、诚信的商业形象与卓越的品牌形象。金利来务求营造一种形象氛围，该氛围足以令消费者在购买金利来产品时，产生一种自豪感、高贵感与享受感。从这种感觉中折射出来的金利来产品形象、商业形象、企业形象，正是CI① 专家研究的品牌个性或差异性，与众不同，则更为大众认同。

金利来产品的市场定位是成功成熟的男士，以上班族中的白领阶层为主要消费对象。或许因为这点，金利来品牌又反过来吸引了更多阶层人士的追求。金利来品牌形象和商业形象的

---

① CI，Corporate Identity，企业识别，是一种系统的名牌商标动作战略。

塑造，亦与价格定位、广告策略、专卖形象等息息相关。金利来对专卖店、专柜统一设计，再加上产品精美的包装，使得金利来给人一种庄重、高贵的感觉。经销商的领带经销三原则：统一定价、现金交易、不得挑选花色，均同金利来的品牌地位、形象风范相关，也是金利来形象建立的基础。

（五）情感经商

情感经商追求企业与社会的融合，商家同公众情感的交流，借助感情的纽带传播品牌的亲和力，由此强化消费者对企业产品的购买力，它与形象经商密切相关。金利来情感经商的目标，是将其培育成一个令消费大众所喜爱的品牌。一个名牌是需要消费者追捧的，就像歌星、影星、球星一样。这里所说的情感经商，需要在企业行为、销售策略、价格制定等方面，充分考虑企业所处的国情、商情和人情。

在中国依然处于社会主义初级阶段，依然面临诸多困难，依然存在贫困人口的时候，作为一个已经有所成就的名牌企业，应该履行其社会义务，传达企业对人民的关怀。在中国市场经济体制建立得还不尽成熟完善，市场变化莫测或受到国家宏观调控制约的时候，企业对消费者利益的优先考虑是不可忽视的。在金利来行销产品的过程中，其所提供的服务应该是充满人情味的……当企业发展到一定时期，上升到一定高度的时候，必须跳出企业自身的利益，提升一个高度去看待社会问题。追求销售利润，谋求更好的经济效益无可厚非，但企业更应该考虑其对所处社会的责任和义务。

曾宪梓是一位穷苦出身的爱国企业家，是祖国培养出来的大学生，对祖国人民和家乡有着深情厚谊。金利来成为名牌企业之后，他常常对外界人士说：“金利来不应该是某个人、某些人的私产，它更应该属于社会，属于中国人。”① 他把向公益事业捐赠，看作是回报祖国的绝佳方式。于是曾宪梓频频向祖国体育事业、教育事业、残疾人事业、社会公益活动等慷慨解囊。这些面向社会各方面的捐赠活动，有效地增进了社会对金利来企业、对金利来经营者及其经营宗旨的了解，以及促进企业同消费大众、社会公众的感情交流与融合。从 20 世纪 90 年代金利来偕全国百家名店发起的为支持我国申办 2000 年奥运会的签名活动中，很好地展现了金利来情感经商的动人效果。在该活动中，金利来捐资 300 万元人民币。在这一次全国各大城市支持申办奥运的签名活动中，出现了许多激动人心、令人难忘的场面，如北京王府井广场上，等候签名的群众在凛冽寒风中排成长龙，有的站了一个多小时，依然热情不减。

金利来是中国男人时尚领域的领导品牌，持续引领中国男性时尚产业的前进步伐。自 1968 年开始，金利来长期活跃在高档消费品市场，并以精湛的工艺和经典的设计成就了其近半个世纪的时尚典范地位。金利来的广告词是经过千锤百炼的，这些千锤百炼的广告词通过不同的侧面、不同的产品、不同的时节，向人们展示了一个优秀的、豪情的、温馨的、洒脱的、完美的男人世界。金利来的广告词，必定是文化的、形象的、情感的。从金利来 40 多年前在“父亲节”前推出第一个广告词起，直到今天，无一不在极其精练的字句中，融入深深的文化内涵。

“金利来，男人的世界。”这只是统领全局的一句话，既是金利来品牌形象的诠释，也是金利来企业形象的缩影。围绕

---

① 广东省品牌建设促进会编辑部．金利来集团创始人曾宪梓先生：情感经商打造永恒品牌［EB/OL］．http：//www. zmxc. cn/huiyuanview. asp？ id＝362.

这一广告词，金利来在不同时期推出的不同产品系列，演绎出上百条广告语。

金利来领带广告：在欧洲有过百位设计师，每年为金利来设计出数千款领带，花式清新脱俗，层出不穷。领导领带潮流，舍我其谁？金利来领带，充满魅力的男人世界。

金利来衬衫广告：每天上班不但可以戴金利来领带，更可以搭配金利来衬衫，款式讲究，挺拔舒服，为你带来艳羡目光。

金利来T恤广告：款式活泼轻松，时尚品位，配合每一个活力迸发的男人。金利来，男人的世界。

金利来西装广告：金利来西装，豪迈清洒。金利来，男人的世界。

金利来皮具广告：细致高贵的皮质，精巧的设计，会令你爱不释手，使你的男人世界更加完美。金利来，男人的世界。

金利来皮鞋广告：系出名门，才情非凡，对理想勇往直前，表现足以自豪。金利来，足以自豪的世界。

总之，金利来代表着美好的、温馨的、令人追求与羡慕的东西。消费者怎能不青睐呢？金利来就是通过这样富有文化味的广告词同消费者进行情感交流与观念沟通的。①

---

① 罗活活．文化经商、形象经商与情感经商——“金利来”品牌战略的文化提升［J］．嘉应大学学报，1998（1）：22－26.

“人造革大王”

田家炳

一、个人简介

二、创富过程

三、代表企业

四、商道分享

五、文化特质

一、个人简介

（一）个人档案

中文名：田家炳

英文名：Tin Ka Ping

出生地：广东梅州市大埔县

出生时间：1919 年

职业：香港企业家、慈善家

主要成就：1982 年荣获“英女皇荣誉奖章”，1993 年“田家炳星”命名，1996 年荣获“英国 MBE 勋章”，2010 年荣获“大紫荆勋章”

慈善：田家炳基金会

家人：与夫人周坤莹育有五子四女

（二）素描

田家炳是定居香港的著名企业家和慈善家，1919 年 11 月 20 日出生于广东大埔县古野镇银滩村的一个书香世家。出身客家世裔，田家炳幼承庭训，敦品励学。数十年来他致力于公益事业，捐助教育、医疗与其他利国益民的慈善事业，贡献良多，惠泽社群，堪为当世楷模、社会表率。

田家炳先后担任京华银行董事、新安企业公司及华安置业建筑公司董事长、田氏塑料厂有限公司董事长、田氏化工有限公司总经理、田家炳基金会董事会主席等职。田家炳积极参与社会公益，博施济众。他在香港成立田家炳基金会，先后担任仁爱堂咨询委员、东华三院总理、博爱医院总理、大埔旅港同乡会永远会长以及其他数十个商业团体、慈善机构的会长、理监事、顾问等职务。1982 年，田家炳荣获“英女皇荣誉奖章”。1994 年美国环球大学、香港浸会大学授予田家炳荣誉博士学位，香港大学授予其名誉院士荣衔。此外，国内 30 余省、市、县授予田家炳“荣誉公民”“荣誉市民”称号，数十所大学聘其为荣誉教授。1996 年，田家炳获“英国 MBE① 勋章”。2010 年 7 月 1 日荣获香港特区政府授勋衔制度中的最高荣誉勋章“大紫荆勋章”②。2013 年 5 月 27 日，95 岁高龄的田家炳在香港播道会的恩福堂正式接受洗礼，归入基督的名下。田家炳受洗后表示，自己一生帮助建立了诸多学校，让不少孩子得到教育，但至人生最后才明白灵魂救赎乃为更大的归宿。

---

① MBE（Member of the British Empire），员佐勋章，大英帝国勋章的第五级；员佐勋章人数虽然不设限额，但每年授勋的人数不可多于 1 464位。

② 大紫荆勋章（Great Bauhinia Medal），是中华人民共和国香港特别行政区的勋章，奖励对香港做出重大贡献的人士，是最高级别的荣誉奖励。

（三）他是天上一颗星①

1993 年 9 月，中国科学院紫金山天文台经国际小行星组织批准，决定将该台 1965 年 12 月 20 日发现的，国际编号第 2886 号小行星命名为“田家炳星”，以表彰他的善德善举。在地球上，除了全世界的天文学家和天文爱好者，没有几个人能够看到、认识这颗星星，就如茫茫人海中，低调谦虚的田家炳一样。田家炳从不显示自己的身家，也不炫耀其帮助成千上万的儿童是何等不易。“如果有最自豪的事情，那就是用名字命名的‘田家炳星’吧。那是天文学家们艰苦探索的成果，却用上了我的名字……”时代，以这种方式，铭记了这样一位客商与善人。

二、创富过程

尽管田家炳以其慈善事业著称，但客观地说，他是一位不折不扣的经商天才。有的创业者百炼成钢，深深地体验到“失败乃成功之母”的滋味。而田家炳却在不同的地域、不同的行业均取得了成功，并且在此基础上进一步升华，成为慈善甚于财富的客商典型代表。

（一）早年丧父，被迫辍学

1919 年，即田家炳父亲玉瑚公 48 岁那年，田家炳出生于“瓷土之乡”大埔。老来得子的父亲希望儿子能“彪炳百代”，因此为他取名“田家炳”。田家炳自幼天资聪颖，才思过人，在原乡接受了中小学教育。1933 年，进大麻中学读书，才华

---

① 江华，张蔚．田家炳：有一颗行星以他命名［J］．南方人物周刊，2006（26）：46 – 47.

出众，成绩名列前茅。1935 年，田家炳的父亲玉瑚公病逝，16 岁的他只读到初中二年级就被迫辍学，承接了父亲留下的家庭生活重担，从此走进社会。

（二）游走四方，终成正果

田家炳 16 岁时继承父业开办实业广泰兴，1936 年赴越南创立泰安隆瓷土公司，后与同乡合办茶阳瓷土公司。1939 年赴印度尼西亚，1945 年创办超伦树胶厂，1951 年又创办南洋树胶有限公司，1956 年创办印度尼西亚首家塑料薄膜厂。1958 年田家炳将业务重心转移到香港，创办田氏塑料厂、田氏化工有限公司，并将其办成香港最大的人造革企业，被称为“香港人造革大王”，之后又进军房地产业。

三、代表企业

（一）田氏化工有限公司

1958 年，田家炳在香港创建田氏化工有限公司，1991 年，在广东省东莞市成立“东莞田氏化工厂有限公司”。至此，总公司位于香港，在内地拥有东莞田氏化工厂有限公司和广州田氏塑胶有限公司两家独资公司，是国内同行最早通过 ISO9001 和 ISO14001 体系认证的企业。东莞田氏化工厂有限公司坐落在禁烟名城虎门镇，占地 5 万平方米。广州田氏塑胶有限公司于 2000 年建成投产，位于广州黄埔经济开发区，占地面积 10 余万平方米。公司拥有先进的压延、涂布生产线，及一批先进的后处理加工设备。公司专注于 PVC① 人造革的研发及制造，

① PVC（Polyvinyl chloride），聚氯乙烯，世界上产量最大的通用塑料，应用非常广泛。

产品涵括手袋革、箱包革、汽车内饰革、家私革（商用及家用）、运动革、船（游艇）内饰革、文具革、环保产品革、高技术用途革等，主要生产 PVC 薄膜、纯胶、人造革、汽车革、柔软皮等系列产品。产品技术、用途特殊，材料、配方独特，可广泛应用于家居装饰、高级时装、时尚皮包皮具、汽车轮船用革及其内饰，主力外销，与多家跨国名企形成长久合作关系。

半个世纪以来，田氏化工一直致力于将优秀的理念、先进的科技、专业的知识与科研开发、市场开拓及客户服务相结合，带领亚太地区 PVC 薄膜和人造革设计及制造业的发展，产品畅销中国、日本、法国、德国、加拿大、美国等世界主要国家，品质深得广大客户的信赖，丰富经验备受业界推崇，成就令人艳羡。田家炳因此在皮革行业享有盛誉，被称为“人造革大王”。田氏化工的品质方针是：公司以客户为本，致力于提供优质的产品及服务，令客户满意。

（二）田家炳基金会[①]

田家炳基金会由田家炳于 1982 年创办，是在香港注册成立的非营利慈善机构，专门从事捐资兴办慈善公益事业。基金会资金来源主要是田家炳个人及其家族公司之捐献，属封闭式基金会，从不向外筹募资金。基金会以“安老扶幼，兴学育才，推广文教，造福人群，回馈社会，贡献国家”为创会宗旨，致力于捐资推动中国内地及香港教育、医疗、卫生、文娱、康乐、交通等社会公益事业的发展，实践“取诸社会、用于社会”的理念；倡导并创造条件促进香港与内地的学术

---

① 竹叶连．田家炳基金会［EB/OL］．http：//www.360doc.com/content/12/0902/18/4758024_233789837.shtml.

交流；推动建立一个理想和谐、充满爱心的社会，宣扬中华传统文化和推广道德教育；协力为国家的繁荣昌盛做出贡献。

在香港，田家炳基金会积极支持各大慈善机构，如在东华三院、保良局、博爱医院、仁爱堂、公益金、救世军、钟声慈善社等举办社会福利活动，以“田家炳”命名的受捐单位有图书馆、疗养院、老人宿舍、老人日间护理中心、综合医疗中心各1所，家务助理服务中心、老人中心各2所，青少年中心3所，幼儿园5所，小学4所，中学1所及基金会主办的中学1所。在香港大学、香港中文大学、香港浸会大学、香港岭南大学、香港公开大学、香港教育学院、香港科技大学、香港城市大学和香港理工大学等高校，资助的项目包括教学楼、游泳池、学术研究基金、大学基金、奖学金和贷学金等。

在澳门，田家炳基金会2005年捐助澳门大学成立田家炳教育研究所。

在台湾，田家炳基金会1984年捐出新台币5 000万元，成立田家炳文教基金会，支持文化教育活动，并每年为全省大专院校品学兼优、家境清寒的学子颁发奖学金。2004年捐助台湾交通大学兴建田家炳光电中心。

在中国内地31个省、自治区、直辖市，田家炳基金会均有独资和襄资捐建项目数百宗。在全国60余所高校捐资兴建教育书院、教学楼、师资培训中心和体育中心，另捐办专业学校9所、中学110余所、小学35所及幼儿园5所、医院29所。其他项目包括国家教育部“高等师范教育面向21世纪教学内容和课程体系改革计划”、北京市自然博物馆“田家炳生物标本馆”、南京市中国科学院紫金山天文台“田家炳天文科学交流中心”及全国乡村学校图书室1 150间。在田家炳祖籍梅州市辖属各区、县之医疗、教育、交通及其他有关民生公益项目二百余宗，受捐单位逾百。2009年5月，田家炳捐助300

万元人民币给四平市第一高级中学，其校随后更名为“四平市田家炳高级中学”，田家炳之子来校视察离开后，校长王锡爵又遵照其意将校名更改回四平市第一高级中学。其捐助的学校包括浙江大学西溪校区（原杭州大学）、山东师范大学、河北师范大学、兰州交通大学、西北师范大学、西南大学、重庆工商大学、重庆师范大学、河南师范大学、新疆师范大学、四川省西充县田家炳实验中学等。

在其他方面，田家炳基金会资助各院校开展教育科研工作和赞助教育机构举办大型国际学术研讨会；在香港多所大学设立中国学者访问基金；赞助各地田家炳中学举办各类交流考察活动。在内地，在全国各地的田家炳教育书院/学院、田家炳中学设立奖学金，培育更多优秀学生。

四、商道分享

田家炳为一谦谦君子，自奉甚俭，克己待人。他人每每咨询其处世之道、成功要诀，田家炳均强调为人必须秉承“勤、俭、诚、朴”四德。田家炳认为，职业无分贵贱，不论身处何种工作岗位，只要尽忠职守，敬业乐业，自能拨云见日，渐入佳境，逐步攀登上成功的高峰。事实上，除此之外，田家炳深谙世事，洞察力极强。他目光如炬、稳中求进，所以往往能够转逆境为顺境。他知人善任，礼贤下士，所以能够化独乐为众乐。他任劳任怨，凡事亲力亲为，能人之所不能，敢人之所不敢，因之使得田氏企业上下一心，群策群力，取得了世人所仰望的成就。

（一）借路海丝，越南土豪①

田家炳在18岁时借道海上丝绸之路，闯南洋靠卖“土”发家，掘得创业第一桶金。因为大埔是“瓷土之乡”，大埔的乡亲甚至把陶瓷厂办到了国外，但国外缺乏品质上乘的瓷土原料。田家炳的家乡银滩村地处韩江西畔，与高陂毗邻，高陂瓷业历史悠久，享誉海内外。18岁那年，具有家族冒险和创新精神的田家炳，走出了偏僻的客家山村，踏上了创业之路。他决定漂洋过海寻找财富，并选择了瓷土外销的业务，前往越南。1937年冬天，田家炳在越南西贡（今胡志明市）与同乡合创茶阳瓷土公司，开始了“卖土”生意。田家炳的经商天赋牛刀小试，游刃有余。18岁的他奔走于中国广东的大埔、汕头、越南之间，深为当地工业界器重。其时田家炳推销特产瓷土到越南，每年贸易额达二三十万吨，是越南最大的瓷土供应商，相当于现在数百万元的生意，就此成为当时赫赫有名的瓷土出口商。“我们成本低很多，推销很成功。”说起当年赚的第一桶金，田家炳很是自豪。

（二）异域扫描，首创塑胶

1939年日本侵略军入侵广东汕头，瓷土出口连同瓷土生意因为战争被迫中断。田家炳只身出南洋，转赴印度尼西亚万隆，投靠在万隆的一个小镇经营土产洋杂生意的兄长。他抵万隆才数月兄长便不幸病逝，只好接手兄长业务，在附近的小镇经营土特产生意。1941年日军进逼，他只好迁到印度尼西亚首都雅加达，改经营橡胶业。1954年，他前往日本购买先进

① 佚名．田家炳：事业心是企业常青树［EB/OL］．http：//wenku.baidu.com/view/c6371b25482fb4daa58d4b76.html.

机器，聘请专门人才，从事塑料薄膜制造。1956 年他成功地创办了印度尼西亚第一家塑料薄膜厂，不过几年事业就兴旺发达起来。田家炳在印度尼西亚居住了 20 年。他先后创办超伦树胶厂及南阳树胶有限公司，由于经营得法，业务鼎盛，成绩斐然，声誉很高，塑胶产业垄断印度尼西亚，被誉为“一位成功的印度尼西亚华侨”。

（三）人有我优，人优我特

20 世纪 50 年代末，香港塑胶工业还处于萌芽状态，所以人造革这种行业在香港是不易经营的。田家炳顺应时世，驾轻就熟，把自己在印度尼西亚创建塑胶工业的丰富经验转移到香港，开始新的事业：生产人造革。田家炳开发出香港人造革行业后，先后又有六家企业参与，市场兴起了激烈的竞争。随着各种政治、经济冲击的纷至沓来，同行们纷纷倒下，田氏企业“孤军作战”。每次意外风暴降临，客户欠款不能如期收回时，田氏欠款则须如数清还，幸亏田家炳人缘好、商德佳、作风稳健、信用卓著，各原料供应商都自愿给予其无限期的宽限，银行也大力支持，使他数次渡过难关。

田家炳在香港斥巨资填海造地，在老海滩上办工厂，他一干就是近半个世纪。田氏企业为厂家提供加工技术，解决原料供应，协助开发海外市场等，使香港产品能在国际市场立足并占据重要地位。香港当局及工商界人士众口一词，都认为田家炳是不可多得的成功的实业家。这种帮供应商找供应商，并协助开发市场的独特经营思路将田家炳的企业与同业区别开来。由于苦心经营，加之自由市场产供销的丰富运作经验，田家炳很快就在香港立下根基。二十年后田家炳成为香港殷实的实业家，他创办了田氏塑料厂及田氏化工有限公司，为东南亚最大的人造革制造商，在香港有“人造革大王”的称号。1982 年香港总督为表扬田家炳的杰出贡献，特颁赐“英女皇荣誉奖章”，以资嘉勉。

（四）审时度势，当机立断①

1941年冬天，日军侵占印度尼西亚后，田家炳因其经商地区被划入军事管制区，被迫结束营业，转赴雅加达投靠族人，由越南“土”豪沦为南亚工人，初尝工薪阶级的甘苦。在雅加达期间，田家炳由基层开始，自强不息，奋发向上。1945年日本宣布无条件投降，田家炳把握商机，推广业务，致力于树胶加工业，其锐意经营使得业务鼎盛，至1951年，年仅32岁的田家炳已成为誉满印度尼西亚首都的青年工业家。

1958年，鉴于印度尼西亚境内正酝酿排华浪潮，田家炳再次当机立断，毅然决定结束其如日中天的橡胶事业，举家北迁，转赴当时经济条件并非特优的香港。香港是弹丸之地，当年之所以吸引企业家定居立业，除了环境安定、经商自由之外，主要是由于市民多为华人。田家炳的五儿四女，从此得以在华语环境中，接受正统的中文教育，沐浴儒家思想的熏陶，因而敦品励学，孝亲睦邻；在为人处世方面，他们都能做到诚信为本，勤俭立身。田家炳甫抵香港，人地生疏，但这对志存高远的田家炳而言，不过是再一次的创业过程。他矢志要在竞争激烈的东方之珠创下一番伟业。田家炳看准香港具有发展国际贸易的条件，决意全力拓展塑料薄膜，扶植下游加工业，及在屯门购地填海，建屋设厂。

1960年，田家炳以非凡的胆识，从屯门海边购得约30 000平方米的沼泽地，当时的屯门简直是香港的“北大荒”，在田

① 佚名．客家名人：慈善家田家炳先生［EB/OL］．http：//news. sohu. com/20040810/n221461346. shtml.

家炳的苦心经营下，几年的工夫，那里就出现了令人刮目相看的现代化化学工业城。巍巍巨厦崛起于屯门海滩，田氏工业城的规模之大、气势之宏，名震香港。填海建厂后，先是聘请日本工程师训练工人，又请来英国技师，因技术超群，产品精良，业务扶摇直上。田氏事业不断发展壮大，跨越一个又一个里程碑。自创业迄今，数十载耕耘，芳菲满园，田家炳“人造革大王”的美誉亦不胫而走。

1968 年，田氏在元朗屏山扩建分厂，添置先进机械装备，产量倍增；后又在荔枝角兴建田氏大厦，作为田氏化工企业的总部。1979 年至 1982 年间，田氏又把屯门的工厂改建成三座现代化工业大厦。业务出现前所未有的兴旺局面，每年总产值的增长率都在两位数以上，经济效益扶摇直上，形成实力雄厚、誉满香港的“田氏王国”。

几十年来，田家炳的人造革企业经历了 1965 年的银行挤兑、1967 年的骚乱、1973 年的股灾、1975 年的世界经济大衰退、1984 年的房地产暴跌及 1997 年的亚洲金融危机等一次又一次狂风巨浪的冲击，许多大大小小的公司倒下去了，不少结构健全、经济基础甚好的企业均遭淘汰或迁移海外，但田家炳的公司却独能以不变应万变，坚守市场，矢志不渝，不断走在时代前面，取得巨大的成就。田家炳创办的田氏塑料厂和田氏化工有限公司，是香港暨东南亚最大的人造革制造厂。田家炳使田氏事业蒸蒸日上，信誉日隆，其运筹帷幄、处变不惊的毅力与勇气，着实令人钦佩。

（五）逆向思维，独具慧眼①

众所周知，香港地皮昂贵，地价高企，许多人靠经营房地

① 佚名．香港人造革大王田家炳的创业传奇［EB/OL］．http：//www.cz88.net/lizhi/gushi/3868164.html.

产使其财富如火箭般蹿升。而在二十世纪五六十年代，香港的工业仍处于萌芽状态，技术含量较低，原材料须从外地采购。因此，投资家都认为在香港办实业不明智，发家致富的成功率较低，而在香港创办人造革制造业更是被看淡。因为中国台湾、日本的人造革加工品可以免税进入香港进行廉价倾销，加上香港人造革采购困难，致使香港的人造革加工业很不发达，不少香港投资家对人造革制造业始终不敢涉足。田家炳的思维没有受传统看法的约束。相反，他是从逆向角度来考虑人造革制造业的。田家炳认为，虽然经营房地产容易致富，但自己是外行，没有把握能很快发展。而人造革制造是自己的老本行，运营过程自然轻车熟路，无论是生产技术还是经营管理，都比他人有明显优势。至于产品销路，田家炳的见解更是与众人大相径庭。从表面上看，香港没有人造革加工业，人造革市场前景黯淡。但如果反过来考虑，正是人造革的供给匮乏限制了其加工业的发展。只要有人创办人造革制造业，解决市民采购人造革的困难，其加工业自然会像雨后春笋般地产生，届时人造革销路定然看好。

田家炳在逆向思维的驱使下提出了自己的经营战略：“别树有花我不采，此树无花等花开。”他在元朗的屯门海边买下了30 000多平方米的海滩，填海兴建了一座人造革制造厂；之后购置先进机器设备，邀请日本工程师安装机器，训练职工并聘请英国技师。1960年年底，第一批出厂的人造革以其质优价廉很快打开销路，香港的人造革加工业也因此渐成气候。人造革的市场竞争十分激烈。一些国外厂商倚仗其雄厚的财力，大批量生产有限的几种常见规格的人造革，企图以规模效益来压倒其他同行。田家炳没有硬碰硬地与之展开竞争。他跳出常人的思维定式，把视野投向市场较少关注的角落，由此找到了国外厂商的空隙。客户向这些大厂家订货，数量要大，时间要提前，品种却非常有限，到货之后意味着货物资金与仓储费用的同步增加，不少客户对此颇有怨言。田家炳针对国外厂商的这些不足，反其道而行之，不与其抢做大路货[①]，而是专做拾遗补阙的冷门生意。他的工厂采取了投其所好、急人所需的策略，生产适应各种需要的 1 000 多种不同花样的人造革，客户要买多少就卖多少，电话订购即可完成下单，而且售价低廉。有时候，客户的账期到了，一时资金拆借困难，他也体谅客户并给予通融。通过这种方式，田家炳的信誉大增，使得竞争厂商也不得不佩服他独辟蹊径的高招。

（六）散尽家财，升华价值[②]

一些无法理解田家炳行为的香港媒体，称田家炳为“傻根富豪”。这位傻根富豪的“惊天之举”莫过于卖掉豪宅住进公寓，卖掉奔驰汽车改坐公交车、地铁，一时引起了社会轰动。2001 年，在亲自设计的别墅中住了 37 年后，为了不中断对内地的教育捐献，田家炳毅然将其豪华别墅卖掉。1997 年，香港遭遇亚洲金融危机时，田家炳曾抵押上了自己唯一的田氏化工企业，向银行贷款助学。对此，田家炳有自己的打算[③]：他们的孩子也全搬出去了，家中剩下田家炳夫妇两个人，觉得不需要这么大的房子，况且当时考虑房子能卖到五六千万港

---

① “大路货”指的是市场上价值/品质关系比值最一般的产品。所谓的“最一般”，主要是指其合理性。需要特别指出的是，大路货不是指劣质货，其内涵是指服务于大众的产品。在市场上，我们看到最多的便是大路货，而且 80% 的人正在使用。

② 紫荆．“傻根富豪”田家炳［J］．企业文化，2007（2）：73－75.

③ 佚名．富豪田家炳散尽家产为慈善［EB/OL］．http：//news. sina. com. cn/c/2007－06－29/145813339982. shtml.

元，这个卖价，光是一个月的利息就差不多40万港元；田家炳觉得40万港元就等于他睡了一觉就不见了13 300港元，总觉得这个太浪费了，没有意思，自己也不觉得享受，反而心里面老是一想到13 300港元就舍不得，而卖出去以后将5 000多万港元捐给中学生、大学生，他觉得这个价值不可思议！市值一个多亿港元的房产仅作价5 600万港元出售，而田家炳却为这几千万港元的“收入”能建设几十所学校而感到高兴。亚洲金融危机冲垮了香港的一切，当时媒体报道田家炳卖楼之事，朋友都以为他的经济真的出了问题，又怕他伤心，不敢问。当他们知道真相后莫不交口称赞。卖掉别墅后，田家炳和老伴搬入了面积不足100平方米的公寓楼，从此成了“租房”一族。田家炳甚至连自己的奔驰车也没有留下，每天上下班都如香港普通市民一样坐公交车、挤地铁。

田家炳宏伟的捐资蓝图是：为全国每个省，广东省每个市，梅州市每个县，大埔县每个镇兴建中学，还为每个省的师范大学兴建一所教育学院。田家炳相信只要有好学校，好老师、好校长会越来越多，中国的教育事业就一定会兴旺发达起来，人口素质也一定会得到提高。令人欣慰的是，田家炳的捐资宏愿，在其孜孜不倦地奔波努力之后，已经基本达成了。

田家炳富甲一方，却重义轻财；一生追求并力行勤、诚、朴的中华传统美德。田家炳是捐出财产比例最高的客商领袖，他捐出了自己80%以上的财产用于教育和其他公益活动，回报社会。家财万贯不如薄技傍身，授之以鱼不如授之以渔。田家炳，予家族，家财万贯也不授之以鱼；予社会，不仅捐出家财，还留下了比薄技傍身、授之以渔更崇高至上的“精神财富”。他的财富是一股强大的正能量，不仅传承给了后世子嗣，还泽被了无数华夏儿女。这并不是硬件投资的立竿见影，更多的是精神养育下的文化传承，它所迸发出的能量无法估量并将世代相传。尽管田家炳努力拭去“田家炳”三个字与田氏化工的关系，但遍布华夏的“家炳楼”已将其与田氏企业的价值和社会责任升华到了世人所仰望的境界。试想，如此风清气正的田氏化工与田氏家族怎能不获得市场的拥戴和公众的热爱？

五、文化特质

田家炳的父亲玉瑚公是客家后裔，以经商为业，平生急公好义，济贫恤孤；母亲田房氏则具备客家妇女传统美德，为人淳朴务实，克勤克俭。玉瑚公晚年得子，所以倍加爱惜，但平日对田家炳的管教非常严格，不时以古代圣贤忠孝节义的故事对其勉励熏陶，还以《朱柏庐治家格言》[①] 加以教诲。田家炳秉承庭训，耳濡目染醇厚的客家家风，自然而然养成了洁身自爱、刻苦自励的性情，以及慈悲为怀、乐善好施的品格。[②]

（一）爱国爱族，精诚团结

田家炳开创了宏图伟业，但时刻不忘家国，以造福桑梓、报效国家为己任。但凡为群众谋福利的团体及机构等，无不倾力协助。他在香港成立的田家炳基金会，多年来创办的非营利青少年中心、老人宿舍及服务中心、幼儿园、小学、中学、图书馆等造福了广大市民，还设有奖贷学金嘉奖成绩优异的青年才俊。在中国台湾省也捐出数千万台币成立田家炳文教基金会，设立各类奖学金，推动各种公益性的文教事业活动。1978

---

① 也称《朱子家训》，该文以儒家“修身”“齐家”的核心思想为宗旨，广采儒家的为人处世经验、方法，总结做人治家、教育后代的经验。全文仅500余字，然思想植根深厚，含义博大精深。

② 佚名．客家慈善家田家炳先生［EB/OL］．http://gx.people.com.cn/n/2014/1216/c368092－23243160.html.

年伊始，内地改革开放，田家炳受到很大鼓舞。为了帮助祖国发展人造革产业，他主动捐赠一套价值数百万港元的生产线给广东省（由省政府拨给佛山市），在他多次派技术员前往协助后，产品质量达到国际水平。田家炳多年来还为国内不少单位引进新的技术，发展新的产品。①

田家炳一贯主张，捐款做善事不为个人名利，而是真正造福社稷。他不单关心家乡的事，凡是力所能及的社会上的事，他一样关心。中英签订有关香港回归祖国的联合声明后，为了保持香港的安定繁荣，实现平稳过渡，以田家炳等为代表的客商劳心劳力，四处奔波，主动听取香港同胞的意见，如实反映他们的呼声和要求，和大家一起为香港的繁荣协力创造稳定、安逸的环境。田家炳和曾宪梓、刘宇新、罗焕昌等爱国人士，竭诚拥护基本法，为“一国两制”、港人治港，承担了大量繁重且艰苦卓绝的团结沟通任务，这些都赢得了祖国和香港同胞的赞许。

（二）修身立品，明德卓行

田家炳儒雅向学，修身立品，尤为重视德育。田家炳认为中国的希望在教育，而教育必首重德育，以培养完美高尚的人格。为此田家炳先后在南京师范大学、华中师范大学、北京师范大学资助举办三届“廿一世纪学校德育发展路向”研讨会；2005 年又捐资 100 万元人民币，委托中央教育科学研究所推行“田家炳基金会学校德育发展及研究计划”，更具规划、更有实效地针对德育推动中国的工作。另又定期举行“全国田家炳中学校长论坛”，汇集全国著名专家、学者和田家炳系列

① 佚名．田家炳：回报社会是我一生不懈的追求［EB/OL］．http：//www.zhlzw.com/lz/ys/59369_2.html.

中学校长，分享交流教育管理经验，提升田家炳系列中学的管治效能和提高办学效能。田家炳每到一所学校，都强调“学校教育，以德为重”。每到一所学校，他都要和师生真情对话，交流处世为人的道理，实践人格教育理想。正像田家炳所说：“我希望田家炳中学的学生对修才、修德两个方面都要重视，有才无德的人会做坏事，危害社会；有德无才的人还可以学习，还会为社会做点好事，我们每个人都天天检讨一下，要天天做好事，我希望我们田家炳中学的同学，在家做个好儿女，在校做个好学生，在社会做个好公民。”①

田家炳多次创业，搬迁办事处、兴建大厦等，都不举行开张、新迁、奠基、平顶、竣工等仪式，儿女婚嫁也一切从简，只是宴请内亲及公司同事而已。在交友方面，他最重视的是朋友间诚挚的、相互的关怀与帮助，不尚虚伪的应酬吹嘘，更怕随俗浮沉，沦为酒肉之交。他对人真诚，亦希望对方谅解及同样以诚相待。朋友对他过分的礼待，或为他多用了钱，他会感到不安。他常设身处地为对方着想，不过分花钱请客或送礼，以免对方在回礼时增加精神上及金钱上的负担。他常用“君子之交淡如水，小人之交甜如蜜”的古训告诫自己。为慈善事业做出巨大贡献的田家炳从不以德自居，也绝不期望回报。有不少受捐单位送一些较特别的纪念品给他，他总是再三婉辞，或要对方保证以后不再送任何礼物他才接受。近年他多次应邀出访受捐单位，所到之处都受到大家的盛情礼待，每次回来都深感不安。在各地本来有很多他醉心已久的名胜，原可乘机畅游，都因怕麻烦对方，特意将行程安排得非常紧密，迫使

---

① 张建．做田家炳先生那样的人［EB/OL］．http：//www.lzbs.com.cn/rb/2008－05/06/content_1460949.htm.

自己不能多留。[1] 他真的做到了“只求施与，不求回报”。田家炳之所以蜚声海内外，并非因为他是亿万富翁，而是由于他宅心仁厚，乐善好施，倾家捐赠兴办善业。海内外人士总结他的崇高风范，尊称他为强者、智者、儒者、仁者、长者与德者。

（三）慈善达人，泽被神州[2]

田家炳的名字与公益事业、教育事业紧密相连，是奋斗的象征、实业的象征、慈善的象征与公益的象征。在中国大部分师范大学及部分综合性大学均有田家炳捐资兴建的“田家炳教育书院”“田家炳艺术书院”等；他捐资创办的田家炳中学、田家炳小学等逾百所；他在海内外资助博物馆、图书馆、医院，为内地修建道路、桥梁……田家炳的慈善事业始于香港。在自己的孩子还睡在拥挤的上下铺时，田家炳就开始关心别人孩子的生活。1959 年，他担任香港新界最大慈善机构博爱医院的总理；1965 年，他又出任香港华人最大慈善机构东华三院的总理，参与推动社会福利工作。在新中国成立之前，香港同胞、华侨在内地并不是很受欢迎的人物，他们往往会给亲人和家乡带来“麻烦”。直到 1979 年后，田家炳才有机会到内地“做教育工作”。1979 年，田家炳的首笔慈善捐款投到了家乡大埔县，修马路，建桥梁，建第一所田家炳中学。迄今，北至黑龙江，西到西藏、新疆，除了北京市内，每个省份都星罗棋布着田家炳中学、小学、书院……1982 年，他捐出四栋价值 10 多亿港元的大厦，成立纯公益的田家炳基金会，

---

① 田定先．我敬爱的父亲［EB/OL］．http：//www.0730.cn/News/NewsShow－4870.html.

② 刘加洪．客家优良传统在香港的传承与发展［J］．农业考古，2010（4）：358－363.

将每年几千万港元的租金收入用于公益。1984 年，他脱离实业界，成为职业慈善家，奔走九州大地。田家炳累计捐资逾 10 亿港元用于中国的教育、医疗、交通等公益事业，其中教育所占的比例高达 90%。他甚至捐出了自己名下 80% 的资产。

如前所述，田家炳在诸多善举之中，独钟教育。几十年来，田家炳在内地、香港、台湾和澳门捐资兴办 1 000 余个项目。田家炳认为国家的兴旺在于人才的有效供给，其关键环节即为教育。要办好教育，首先必须培养出擅长教育的教师，因而发展师范教育应当受到广泛推崇。师范教育的质量奠定了人力资源质量的基础，包括商管人才等，莫不如此。高瞻远瞩的田家炳不分地域、不遗余力地推动教育工作，恩泽对象无数。田家炳区别于其他商人的独特之处在于：其一，他的公益事业是以个人直接捐资的方式进行的。其二，他捐巨资却不为自己谋得任何政治资本，始终自谦“香港普通市民”“做一点小生意而已”。其三，他的简朴令人难以置信，甚至连矿原水都舍不得喝。其四，他的子女个个儒雅平易、谦恭笃实，丝毫没有富家子弟的痕迹。田家炳以艰苦奋斗、诚信为本获得事业的巨大成功，继而转向公益事业，回报社会，实现了其崇高的人生价值追求，这个现象确实给当代国人以启示，具有典范与楷模意义。从某种意义上说，这位久居香港，普通话都不甚流利的老人，一个曾经的“人造革大王”，曾获“英女皇荣誉奖章”的“小本买卖的生意人”，比更多真正的内地公民，要更为关心内地。显然，“教授”“博士”这些彰显身份、学术和成就的称号，放在田家炳的身上，比卖弄学术、高高在上的一些“博士”“教授”更恰如其分——他没有多少文化，却拥有众多“博士”“教授”的名誉称号，因为他拥有成千上万且仍在增加的，在“田家炳大楼”里一心向学的学子。

（四）朴素节俭，薄己厚人

田家炳是一位没有私家花园、没有私家车的另类“亿万富翁”。一个将大半生奋斗得来的财富逾八成献给教育的企业家，自己却淡泊名利，躬行节俭，过着简朴至极的生活。在香港熙熙攘攘的街头，满头银发的田家炳精神矍铄，步伐稳健，每天都坐地铁上下班。无论出差去哪里，无论下榻如何高级的酒店，他都用自己带的肥皂。他说：“这不是省钱不省钱的问题，主要是觉得不要浪费人家的东西。”他平时的开支除了房租是一笔大宗支出之外，每月用钱竟然不到3 000港元，与普通香港市民的日常花费相当。田家炳十分节俭，作为亿万富翁，捐资助学是何等慷慨，可他自己一双皮鞋穿了10年；袜子总是补了又补；戴的电子表，因不方便示人而装在口袋里……①

田家炳致富后，不仅日常行事仍如常人，而且节俭得近乎“怪”：不轻易用一张纸，舍不得喝矿泉水，塑料水瓶常年携带使用，出门搭公交车……可以说俭朴得令人难以相信。田家炳自称“孤寒鬼”（吝啬鬼），对自己刻薄，舍不得花钱。“一粥一饭，当思来之不易；半丝半缕，恒念物力维艰”是他不敢稍忘的古训。他常感触自己肩不能挑，手不能提，每日生活所需，全是靠劳动者的提供，故自己除了应尽力多做好事以回馈社会以外，更应珍惜一切物资，不应过分享受，更不应浪费。田家炳常感慨朝不保夕的贫苦大众的艰辛，觉得自己比很多人幸福得多。田家炳不顾近百高龄与长途交通的辛劳，奔波全国各地，亲自参加各地田家炳中学的奠基或竣工典礼，并要

① 佚名．田家炳　心系教育的慈善家［EB/OL］．http：//www.bjzxnet.com/renwu/438.html.

求庆典不要铺张，婉拒各界的礼赠，更敦请不要安排他入住高级宾馆，尽量为接待单位节省费用。他出外旅行，旅馆里的水、电、肥皂、纸巾都点滴珍惜。他对衣着方面也很节制，不少旧衣服都舍不得替换，完全不图物质的享受。①

（五）嘉应痕迹：田家炳捐建嘉应学院图书馆

2004 年 11 月 16 日，矗立于嘉应学院校园中心世纪文化广场西端的标志性建筑——“田家炳图书馆”落成，并举行剪彩典礼。该图书馆总投资 5 000 多万元人民币，其中田家炳捐资 300 万元人民币，楼高 7 层，建筑面积 2.1 万平方米，总藏书 120 万册，设置阅览座位 2 000 个，藏、借、阅实行网络化管理。自 1986 年起至此时，田家炳为嘉应学院共捐资 1 300 多万元人民币。梅州市副市长陈卫平受市委书记刘日知委托，代表市委、市政府在落成剪彩仪式上发表了讲话。她高度赞扬田家炳爱国爱乡的高尚情怀和对教育事业全情倾注的义举。她说，田家炳图书馆的建成，将进一步改善学院办学条件，推动学院上水平、上层次，同时为 2006 年本科教学水平评估奠定了坚实基础。她希望师生员工以田家炳无私奉献、重教爱国的精神为榜样，勤奋读书、努力工作，为办好嘉应学院做出应有的贡献。田家炳在典礼上发表了简短讲话。他以自己在外几十年创业的经历诠释了人生的价值，希望学院利用图书馆的图书设备，让学生掌握更多的科学文化知识，为社会做贡献，他希望学子在注重学习掌握课本知识的同时，更要重视做一个品德高尚的人、一个对社会有用的人。

---

① 佚名．田家炳：卖豪宅捐 10 亿的“傻”化工富豪［EB/OL］．http://hot.36578.com/a/20111102/201819.html.

“香港裤大王”

杨钊

一、个人简介

二、创富过程

三、代表企业

四、商道分享

五、文化特质

一、个人简介

（一）个人档案

中文名：杨钊
国籍：中国
民族：汉
出生时间：1947 年 2 月
出生地：广东惠阳区良井镇
职位：香港旭日集团有限公司董事长
主要行业：纺织、零售、房地产
主要成就：“香港银紫荆星章”
信仰：佛教
座右铭：只问耕耘、不问收获、尽力而为、问心无愧
愿望：利益众生、救助众生、教导众生、成就众生

主要社会公职：广东省工商联副会长、广东外商公会会长、香港中华总商会会长、广东省扶贫基金会名誉会长、香港惠州社团联合总会会长、全国政协委员、香港太平绅士

（二）素描

杨钊，1947年出生，香港旭日集团董事长，北京道一号老板，香港中华总商会第48届会长。杨钊出生于广东惠州西子湖畔，他父亲是当地一位颇有名气的商人，富有同情心和正义感。杨钊有10个兄弟姐妹，“文革”爆发后，物质生活非常贫乏。1967年他决定到香港闯荡。他从惠州到深圳，历经千辛万苦，终于到了那个在传说中只要努力就可以改变命运的世界。抵达香港的兴奋过后，杨钊不得不面对在当地温饱难保的现实问题。由于身无分文，杨钊只能和其他人挤住在贫民窟一间6平方米的小房间里。白天，他跑遍香港去寻求一份可以糊口的工作。一个月后，在一位同乡的推荐下，杨钊终于谋到一份在制衣厂当杂工的工作，薪资每天仅为6港元。他十分珍惜这份工作，因为在当时的惠州，农民一个月的收入也很难达到6港元。他必须勤奋，不怕吃苦。在别人聊天的时候，他依然埋头工作，每次当他做的裤子挂满传输带时，其他人都只做了1/3。杨钊说这种做法很吃力，但可以节省时间和电力，因此受到老板的赏识，十多天后便被调为熨衣工，工资也升到每天16港元。这是许多工友干了一两年都没有得到的待遇，杨钊却在半个月左右的时间内做到了。

杨钊受过他人帮助，他也会在有条件的情况下去帮助别人。有一次，他用身上仅有的5港元替两个刚刚进入工厂的工人付了午餐费。后来，正是由这两位工友推荐，杨钊到了一家更好的制衣厂上班，接触到更先进的设备和管理方法，掌握了制衣业的一整套技术。由于工作踏实，勤奋好学，心灵手巧，不久后他被升为领班，很快又升为经理直至厂长。这一段打工经历，使杨钊成为精通制衣业务和管理工作的行家里手。杨钊的奋斗之路并未就此中止，他开始萌生了自己创业的念头。

1974年，杨钊27岁，他拿出自己省吃俭用的积蓄，加上朋友的资助一共十多万港元，开设了一家小型制衣厂。杨钊给制衣厂取名“旭日”，寓意“旭日东升，光芒万丈”，希望制衣厂蓬勃向上，前途光明。从此，一个白手起家的商业奇迹就此拉开了序幕。

杨钊外表俊朗，气质儒雅，谈吐不俗，一双岭南人特有的眼睛散发出思想的光辉，给人一种企业家与学者风范兼具的印象。曾有记者这样描述道：“杨先生的含笑，很平静、透彻，看不到一丝的风霜或骄灼或任何的故作姿态。”杨钊生活低调，淡泊名利，鄙夷奢侈。杨钊尤为喜爱读书，要拿出许多时间读书，而且尤其喜爱哲学和宗教方面的书籍。杨钊在物质方面不追求名利，在精神方面追求思想和道德的收获。因此他说自己过得很快乐，精神上很富有。“己所不欲，勿施于人”“老吾老以及人之老，幼吾幼以及人之幼”，深受优秀中华传统文化的熏陶，在事业有成后，杨钊逐渐从佛学中找到了生命的支点，将自己的人生价值取向定位于“为众生、为人群、为社会”，且一经定位便身体力行，坚定不移，踏踏实实地走下去。

杨钊对命运的看法更具思辨性和现实性，他十分强调主观努力对事物发展的客观影响作用。他常常引用古代哲人所言“今天之运气，是昨天的努力，今天之努力，又是明天的运气”。杨钊在就任香港中华总商会第48届会长致辞中说，将全力以赴，秉承中华总商会爱国爱港的优良传统，协助会员应对复杂多变的形势，参与香港建设，促进与内地和区域经济的全方位合作，培养年青一代，推动香港工商界发挥企业责任，共同构建和谐社会。①

（三）任职情况

1. 兼职

香港中华总商会会长

香港旭日集团董事长

香港青年工业家协会主席

香港纺织商会会长

香港惠州社团联合总会会长

第九届全国政协委员

广东省政协常委

惠州市政协副主席

香港特别行政区临时立法会议员

2. 曾任社会公职

全国政协第十届、第十一届、第十二届委员

中国外商投资企业协会副会长

中华人民共和国田径协会名誉副会长

中国纺织大学旭日工商管理学院董事局主席

中国西北纺织学院惠州分院董事会主席

广东省政治协商会议常委

广东省惠州市政治协商会议副主席

广东外商公会会长

广东省扶贫基金会名誉会长

广东中华民族凝聚力研究会名誉会长

广东仲景中医药奖励基金会名誉会长

① 佚名．佛商杨钊：为众生　为人群　为社会［EB/OL］．http：//www.ebaifo.com/fojiao－513728.html.

广东省公共关系协会副会长
广东省惠州市中华文化促进会会长
河北省人民政府高级经济顾问
香港佛教联合会常务董事
香港特别行政区第一届政府推选委员会委员
香港协进联盟副主席
香港中华总商会常务会董
香港青年工业家协会常务副会长
香港观塘工商业联合会名誉会长
香港中医学会名誉会长
香港童军总会东九龙地域名誉会长
香港亚太廿一学会荣誉会长
九龙东区各界联会名誉会长
临时立法会议员
临时立法会贸易及工业事务委员会副主席
仁济医院副主席及总理

（四）主要社会荣誉

1991 年，获颁“香港青年工业家奖”。

1993 年，被中国纺织大学授予名誉博士学位。

1999 年，获得香港管理专业协会颁发的“1999 年优质管理大奖”。

1999 年，被香港特区政府委任为“太平绅士”。

2002 年，获香港工业专业评审局颁授“荣誉院士”。

2004 年，获香港“银紫荆星章”。

2005 年，被评为“中国企业创新十大杰出人物”。

2006 年，荣登《2006 胡润百富榜》，以个人资产 50 亿元排在第 34 名。

2006年，获“粤港澳捐资公益事业先驱人物”。

2008年，荣获“中国改革开放30周年创新人物”称号。

2008年，获得“年度中华慈善奖”。

2011年，获得“年度中华慈善奖”。

2012年，获得“全球华人杰出领军人物”称号。

2012年，被推选为香港中华总商会第48届会长。

2013年，获得“年度中华慈善奖”。

2013年10月，荣获“对民族产业贡献卓著的民营功勋企业家”称号。

2013年，获得第八届中华慈善奖“最具爱心捐赠个人”。

2013年，获澳大利亚零售协会颁发的“年度最佳雇主”和“人力资源运用年度典范亚军”称号。

2013年，全国工商联60华诞之际，《中国工商》杂志、华商韬略编辑委员会、中华工商联合出版社联合发起《民营力量璀璨中国梦想——100位对民族产业贡献卓著的民营功勋企业家》荣誉报道活动，杨钊获“对民族产业贡献卓著的民营功勋企业家”荣誉。

（五）慈善事业①

在事业取得骄人成就的同时，杨钊时刻不忘“达则兼济天下”的古训。他说：“经济条件好了，这时候就要兼济天下，这也是一种安身立命之道。”杨钊在第六届中华慈善奖报告会中说道：“财富本身不是最终目的，我所追求的是一种幸福感。在儒家中，孟子提出了‘穷则独善其身，达则兼济天下’，我认为很实在，因此这就成为我们企业的经营宗旨。儒

---

① 刘程．真维斯：达则兼济天下［J］．东方企业文化，2011（9）：46－47.

家提到的'老吾老以及人之老，幼吾幼以及人之幼'对我的启发和教导很大。爱的冲动，我们要鼓励！慈善事业需要大家的爱心！"隶属于旭日集团的真维斯自1993年进入中国市场以来，一直秉承"名牌大众化"的经营理念和"物超所值"的市场策略，在积极为社会创造物质财富的同时，始终坚持"穷则独善其身，达则兼济天下"的企业理念，热心慈善事业。其开展的公益项目涉及援建希望小学，设立大学生助学基金，实施希望教师计划、西部志愿者计划、青年创业就业计划及开展关爱农民工子女活动等。

1993年，杨钊捐资1 000万港元给惠州大学用于教学楼建设；同年捐资1 000万港元给上海纺织大学用于实验大楼建设。

2001年，捐助五台山普寿寺累计9 800万港元。

2002年，6月14日，旭日集团为素有"光明使者"之称的健康快车捐资300万港元，为祖国内陆偏远贫困地区的白内障患者提供免费手术治疗服务，期望他们尽早复明。

2002年，捐资700万元人民币给四川成都建成爱道堂。

2002年捐资2 600万元人民币给河北柏林禅寺建佛殿及教学楼。

2002年，其捐资的内地第一家佛学研究中心在具有深厚人文研究传统的南京大学成立。"南京大学旭日佛学研究中心"主要致力于佛学人才的培养和重大佛学专题研究，以推动中华传统文化和传统道德。该中心数百万元的经费即由旭日集团提供。

杨钊的公益捐资远不止于此：2003年他捐资300万港元给中国职工发展基金会协助解决东北三省失业人员问题；向广东惠州市教育基金捐款300万港元；2003年抗非典期间，他捐资2 000万港元给卫生部及佛教界协助应付非典等。[①]

2004 年起先后捐资近 2 亿港元协助台湾灵岩山寺重建大雄宝殿等。

“兼济天下”让杨钊领悟到作为企业家履行社会责任后所带来的莫大人生快乐和精神愉悦，而他所掌舵的旭日集团不但获取了绝佳的经济和社会效益，还做到了财富与道德的统一，用他自己的话说：“不只获得了物质财富，还得到了精神财富。”

2010 年始，为响应广东省慈善总会号召，旭日集团每年举办“6・30 广东扶贫济困日”活动，共认捐逾亿元人民币，资助内地及香港知名大学、中国青少年发展基金专项教育经费、惠州市未成年人品德优秀奖学金等合计逾 7 400 万元人民币，捐助惠州市第三人民医院超过 1 200 万元人民币等。

2013 年 4 月 19 日，由国家民政部主办的第八届“中华慈善奖”表彰会议暨中国慈善联合会成立大会于人民大会堂举行。经过委员会的重重审核与公众的积极票选，杨钊以其个人对慈善事业孜孜不倦的投入捧得第八届中华慈善奖“最具爱心捐赠个人”奖杯。同时，隶属于旭日集团的真维斯国际（香港）有限公司从众多知名企业中脱颖而出，荣获第八届中华慈善奖“最具爱心捐赠企业”奖项，五度将这项政府最高规格的慈善奖项收入囊中。

实实在在的善举，实实在在的爱心。杨钊提出的“将西方科技和东方智慧结合起来解决人类物质和精神两大问题”的哲理命题产生了广泛的影响，尤其是他将东方智慧纳入企业文化中更是一种创造。杨钊带领着旭日集团取得了良好的经济

① 佚名．杨钊：为国、为民、为社会的慈善佛商［J］．中国商人，2013（8）：63.

效益和社会效益，赢得了财富与道德的统一。①

（六）相关评价

杨钊拥有“香港裤大王”的美誉，他旗下的旭日集团是一个年营业额高达50多亿港元，并在内地200多个城市拥有2 000多家真维斯休闲服饰连锁店和在美国、加拿大、新加坡以及中国内地、香港拥有地产业务的多元化跨国集团。杨钊巧妙地将东方智慧和现代管理理念结合，始终恪守实践“取诸社会，用诸社会”的信念，追寻着古往今来有识之士“穷则独善其身，达则兼济天下”的梦想。他拥有60多亿资产，累计为祖国各方事业捐资逾20亿港元。杨钊事业有成，但仍然孜孜不倦地修身学习，奋勇攀登。

二、创富过程

杨钊的创富过程对于打工者十分具有借鉴意义。作为一位初始学历、背景、财富甚至人脉等都非常薄弱的打工者，杨钊硬是靠着自己的勤劳、胆识、质朴与魄力闯出了一片天，让“旭日”高高升起。

（一）创业思考

杨钊出生于广东惠州，家里有10个兄弟姐妹，杨钊的家境非常清贫，在这样的环境下生活极为艰难。人家说：穷人的孩子早当家，困苦的环境激发了他的求生欲望，生活的压力造就他的危机意识，苦难和责任让他学会思考。正是这种求生和奋发向上的本能驱使他离开了家乡，孤身到香港寻找发展的机

---

① 佚名．为众生　为人群　为社会——记香港旭日集团杨钊居士［EB/OL］．http：//www. ebaifo. com/fojiao－207253. html.

会。杨钊到香港后，四处寻觅工作的机会，但杨钊高二就辍学，一无知识，二无家庭背景，他拥有的只有力气。如何才能够在香港开拓一番属于自己的事业？满怀壮志的他深陷创业的苦恼当中。后来在一位老乡的介绍下，他找到了一份在制衣厂当杂工的工作。他说道：靠山吃山，靠水吃水，但是在香港，这个经济高速发展的城市，一没朋友，二没亲戚，只有比别人先一步才能够在激烈的竞争中站稳脚跟。杨钊把自己的打工生涯视作奠定创业的根基，为此他既努力工作，又不忘读书学习，从中摸索提高自己的技术技能。经过这段打工生涯，杨钊不仅掌握了制衣技术，懂得了工厂的管理之道，而且摸清了服装的销售渠道，奠定了创业的基础。1974 年，他开始自己创业，挂起“旭日制衣厂”的牌子，由小本生意入手，逐步把业务做大。

（二）白手起家①

1974 年，一单美国格子牛仔裤的生意，给刚刚成立的旭日制衣厂带来了丰厚的利润，也给杨钊带来了前所未有的良机。当时，一位美国服装商来到香港，调研厂家加工美洲流行格子牛仔裤的可行性。这种裤料很厚，且需要手工缝制，加工难度很大，如果不能按时交货，工厂很可能破产。大部分厂家不愿意承接，愿意承接的也开价到每打 550 元。经过仔细核算，杨钊竟然以每打 299 元接了订单。格子还没做出来，客户就加订了 600 打。生产期间，又加了 3 000 打，那一年工厂总计生产了 10 万打牛仔裤！这份订单的价值相当于制衣厂当年营业额的 33 倍。由于人手缝制成本高，杨钊研究出机器缝制

---

① 佚名．杨钊：“香港裤王”的创业之路［EB/OL］．http：//chinachizi. org/gaoduanfangtan/270. html.

的办法，压缩了成本，提高了效率。两年光景，杨钊就赚取了600万港元的利润。随着20世纪70年代中期格子牛仔裤风行世界，杨钊的旭日制衣厂随之扬名，杨钊“香港裤大王”的美誉亦传遍四方。此后，旭日集团果然如旭日东升般崛起。杨钊开始向海外拓展业务，先后将服装生产基地扩张至菲律宾、印度尼西亚、孟加拉国及柬埔寨等地，由此，在东南亚各个国家，“旭日”升起。

1978年，中国内地改革春风乍起，杨钊怀着对祖国和家乡的炽热情怀，在广东顺德容奇镇投资逾百万元建立了“大进制衣厂”，成为港商到内地投资兴企的先行者和带头人。他创办了全国第一家来料加工、补偿贸易工厂，由此名声远播。此后十余年间，大批港澳商人复制了这种模式，在珠三角投资设厂，极大地促进了当地经济发展，促进了两地经贸合作，并缓解了香港劳工短缺对工业制造业造成的困难。

（三）更上一层楼

1983年到1984年间，杨钊的生意相当顺利。当时，香港地产市场不景气，但杨钊以其超凡的智慧、经验和判断力决定，拿出半数资产投资地产业。1985年、1986年，旭日集团以不到3亿港元购得10层星光行和位于旺角的钟意商业中心，在1994年出售后获取19.5亿港元。当年用3亿港元购得的长沙湾贸易广场，每年租金收入约1亿港元。而在美国、加拿大、新加坡，旭日集团分别拥有不同的优质住宅楼及购物商场。1998年，杨钊又斥资12.4亿港元购下尖沙咀旁的北京道一号，然后投资7亿港元将其建成香港新的标志性建筑。当时不到20亿港元的投资，在2007年其估价已逾50亿港元！还有位于九龙湾的一号九龙，就是旭日集团的香港总部，也投资了20亿，在2007年价值大概超过40亿；而在惠州市投资兴建的“城市花园”，是该市最大的发展规划之一，获得国家建设部颁发的全国优秀管理住宅小区奖。旭日上市的资产主要是服装板块，年营业额超过50亿，约占地产的1/3。①

1996年，当旭日集团在香港联合交易所挂牌上市时，创造了超额认购236倍的空前纪录，显示了市场对其发展潜力的广泛认同。40余年间，旭日集团已发展成为一个融服装零售、制造、贸易、房地产、投资为一体的大型跨国企业，在纺织制衣方面形成生产、贸易、零售“一条龙”服务。其纺织制衣产品除牛仔裤外，还发展出梭织、针织等不同工艺的男装、女装等各类休闲服装，打出了名牌产品“真维斯”。真维斯服饰（中国）有限公司已在全国20多个省市开设了2 000多间专卖店，拥有庞大的休闲服装服饰销售网络。

（四）大事记

1947年，杨钊出生于秀山丽水的广东惠州西子湖畔。

1967年，进入一家制衣厂当杂工。由于工作踏实，勤奋好学，杨钊受到老板赏识，很快升为经理直至厂长。

1974年，27岁的杨钊开设了一家小型制衣厂，取名“旭日”，寓“旭日东升，光芒万丈”之意。

1978年，杨钊投资逾百万在广东顺德容奇镇建立了“大进制衣厂”，成为港商到内地投资设厂热潮的“先行者”和改革开放的“排头兵”。

1983年，世界经济萧条导致香港楼市全面崩溃，杨钊却逆势而为，拿出一半资产投资地产业，低价买下大片厂房。不久，香港的房地产复苏。

---

① 佚名．杨钊：人生的追求永远不划句号［EB/OL］．http：//www. kejialianmeng. com/portal. php？aid＝201&mod＝view.

1985 年，杨钊投资 8 000 万港元买入星光行，不到 10 年的时间，出售时卖出 12 亿港元。

1985 年，杨钊先后捐资 3 000 多万元人民币兴办“学用结合，学工一体”的“西北纺织工学院惠州分院”，使之成为我国中南地区唯一培养应用型服装专才的高等学府。

1985 年，杨钊创办了公司内部刊物《旭日之声》，他每期在篇首撰文，以自己在学习、工作、生活和参与社会事务中积累的人生经验，向员工传授、解惑。

1986 年，杨钊投资 2 000 万港元购买钟意商场，后来以 5 亿港元出售。

1993 年，旭日集团成立了真维斯国际（香港）有限公司。5 月 28 日，真维斯上海第一家专卖店开业，真维斯品牌正式进军内地市场，成为年轻一代“时尚”的象征。旭日集团由以工贸为主转为以服装零售为主，实现了再次转型。

1993 年，杨钊捐资 1 000 万港元给惠州大学建教学楼；同年还捐资1 000万港元给上海纺织大学建实验大楼；在香港及内地捐助社会公益事业，扶贫救灾达 1 亿多港元。

1994 年，旭日集团属下的惠州大进制衣厂荣获 ISO9002 认证书，成为中国乃至东南亚制衣业首家获此殊荣的企业，并成为全国第一家获得中国进出口免检证书的“三资”企业和服装生产企业。

1996 年，旭日集团在香港联合交易所挂牌上市，创造了超额认购 236 倍的空前纪录，在香港证券市场传为佳话。此时旭日集团成功实现华丽转身，进入资金密集型行业。

1997 年，亚洲金融危机席卷而来，香港楼价再次一泻千里。第二年，杨钊斥资 12. 4 亿港元买下尖沙咀旁的北京道一号，然后花 7 亿港元建成了香港新的标志性建筑。当时不到

20 亿港元的投资，在 2007 年，其估价已逾 50 亿元。①

1999 年，杨钊的旭日集团被美国财经杂志《福布斯》评选为“全球 300 家优质中小型企业”之一，并于同年获得香港管理专业协会颁发的“1999 年优质管理大奖”。

2011 年，真维斯品牌进军香港，开设首家零售店铺。

2012 年，杨钊被推选为香港中华总商会第 48 届会长。成立至今已有 113 年历史的中华总商会，企业会员多达 6 000 人，个人会员人数逾万人，为香港与内地关系最密切的商会组织。

从 1998 年至今，杨钊及旭日集团为香港和内地的公益慈善事业捐款累计超过 18 亿港元。用杨钊自己的话说：“不只获得了物质财富，还得到了精神财富。”

三、代表企业

（一）旭日集团

旭日集团始创于 1974 年，最初只是一家以制造牛仔裤为主的小型加工厂。经过多年来的不断努力及迅速发展，旭日集团已成为一家以香港为中心的多元化跨国企业集团，员工逾 3 万人，业务遍及中国内地各省市及香港地区、菲律宾、印度尼西亚、孟加拉国、柬埔寨、缅甸、美国、加拿大、澳大利亚及新西兰。业务范围包括成衣、地产及金融投资等，业务日益兴旺强盛。

① 佚名．杨钊：人生的追求永远不划句号［EB/OL］．http：//www.kejialianmeng.com/portal.php？aid＝201&mod＝view.

旭日集团	
公司类型	上市公司（港交所：0393）
成立时间	1974 年
创办人	杨钊
董事会主席	杨钊
首席执行官	杨勋
总部地点	香港
标语口号	真的，更精彩
产业	工业贸易、零售、纺织、成衣生产、房地产投资、金融投资、物业投资与发展
产品	牛仔裤、休闲裤、T 恤、恤衫、毛衣、裙、外套、背心
网址	www. glorisun. com

（二）管理层

杨钊（董事长）
杨勋（副董事长兼总经理）
杨浩（副总经理）
鲍仕基（副总经理）
许宗盛（执行董事）
张慧仪（执行董事）
陈永根（执行董事）
刘汉铨（独立非执行董事）
钟瑞明（独立非执行董事）
王敏刚（独立非执行董事）
林家礼（独立非执行董事）

（三）核心业务①

1. 真维斯

旭日集团在中国及澳大利亚设有批发及零售业务，主要品牌为Jeanswest（真维斯）。集团在中国及澳大利亚设有零售连锁店超过2 300家；而真维斯国际（香港）有限公司是集团的附属公司，也是亚洲最大的成衣制造及出口贸易公司之一，销售额多年保持两位数的增长。

2. Quiksilver

20世纪70年代，Quiksilver由一家生产冲浪短裤的公司发展至以年轻人为主的跨国成衣及配饰生产公司。作为一个国际性的服装品牌，Quiksilver致力推广滑浪文化、独立、创意、创新等代表着休闲生活方式的品牌信息。它设计生产并销售服装、配饰及相关产品，目标市场为年轻顾客。旭日集团于2003年与美国Quiksilver组成联营公司——“旭日极速”，联手开拓中国内地、香港及澳门零售市场。

3. Roxy

随着冲浪文化的发展，女孩子对水上运动服装的渴求不断提高。一向颇为前卫的Quiksilver于1990年推出Roxy品牌，为女性冲浪手提供高质量的冲浪服饰。

2003年，Roxy随旭日极速进军中国内地、香港及澳门市场。现时Roxy不单在女性滑浪和滑雪服装稳占一席位，它的运动服装、牛仔服饰，以至手袋、眼镜等饰物，均大受少女喜爱。

4. Mofeel

Mofeel（菲尔）品牌始创于2002年，它是继旭日企业成

---

① 佚名. 旭日集团核心业务［EB/OL］. http://www.hsmrt.com/yangzhao/column/2632/.

功运作真维斯取得经验后，在中国内地全力打造的又一休闲服饰品牌。菲尔在中国内地开设逾400家店铺，并逐步向全国各地推广，是大陆极具潜力和发展前景的休闲服饰品牌之一。

5. 地产业务

在多元化的宗旨下，旭日集团于1985年香港地产低潮之际，启动了物业投资，由初期的出租物业起步，成功拓展至现时的自行策划、投地、兴建、销售、租务、管理等全面性业务，业务更从中国内地及香港，扩展至新加坡、澳大利亚、加拿大及美国等地。集团在香港持有多幢商业大厦、工业大厦及多层住宅等出租物业和待发展地皮，其中包括集团独资策划兴建的北京道一号及位于东九龙的优质高级商业大厦一号九龙；而在内地投资发展的大型住宅项目，其中有著名的惠州城市花园。

（四）历史沿革①

1990年，香港旭日集团与当地进口商合作收购了澳洲服装零售品牌 Jeanswest，经过努力经营，分销地区伸展到新西兰，至今在澳大利亚和新西兰的分店超过200家，成为当地第二大服装品牌。

1993年，真维斯进军中国内地市场，在上海开设了第一家真维斯专卖店。

1996年9月，集团将旗下的成衣业务以“旭日企业”在香港联合交易所上市（股票编号0393）；上市时获得236倍超额认购轰动一时。

1997年，旭日企业被美国杜琼斯证券选为“国际杜琼斯

---

① 佚名．真维斯［EB/OL］．http：//baike. so. com/doc/1983197 - 2098853. html.

指数香港成分股”。

1998 年，被选为“恒生 50 中型股指数成分股”。

1999 年 11 月，旭日企业更被《福布斯》杂志评为“全球 300 家优秀中小型企业”之一。同年，香港生产力促进局亦将旭日企业列入香港韬略榜，亦被香港传媒评为“2004 年香港杰出企业”，更荣获香港管理专业协会颁发的“优质管理大奖”。

2002 年，Mofeel 是香港上市公司旭日跨国集团继真维斯后，倾力推出的又一全新休闲品牌，吸引了青少年顾客群体。

2003 年，集团与美国街头文化服饰潮流领导者 Quiksilver 组成联营公司拓展中国内地、香港及澳门零售市场。

2006 年，荣获全球华商百业领袖企业——全球华商服装行业。同年，旭日集团中国总部大楼正式于惠州落成，楼高 15 层，全为集团自用。

2008 年，真维斯荣获“2007 年度中华慈善奖最具爱心外资企业”提名奖。同年，旭日集团香港总部大楼迁到九龙湾的一号九龙。

2011 年，真维斯首家香港零售店铺开业。

（五）荣获奖项

1. 2004 年

7 月，《连锁与特许》杂志授予真维斯品牌休闲服装“2004 最适合投资的连锁品牌 100”荣誉称号。

9 月，真维斯被国家质检总局评为“中国质量诚信企业”。

2. 2006 年

8 月，真维斯品牌休闲服装荣获“2006 年中国服装行业领袖品牌”。

9 月，真维斯与中国青少年发展基金会合作的“支持希望工程项目”荣获首届“社会公益示范工程”最佳合作伙伴奖。

10月，真维斯品牌休闲服装荣获2006年中国服装协会女装专业委员会颁发的“最受欢迎品牌大奖”。

3. 2007年

4月，真维斯品牌休闲服装荣获“2006年中国先锋品牌榜休闲服类先锋品牌奖”。

10月，真维斯品牌休闲服装荣获2007《影响·中国》“最具时尚影响力服装品牌奖”。

4. 2008年

1月，真维斯品牌休闲服装荣获“中国休闲服装最具竞争力品牌奖”。

3月，真维斯启动希望工程圆梦行动荣获“2007中国服装行业十大营销新闻事件奖”。

9月，真维斯品牌休闲服装荣获“亚洲500最具价值品牌奖”。

10月，真维斯荣获“2008中国纺织服装最具商业价值百强企业”；真维斯荣获“中国民生行动先锋”称号。

12月，真维斯荣获“2008年度中华慈善奖”。

5. 2009年

2月，获“中国连锁榜样十大品牌”。

3月，真维斯荣获“最佳ERP应用奖”；真维斯荣获“2007—2008年度中国服装品牌年度大奖之公众大奖”。

6月，评为“无偿献血先进单位”。

10月，真维斯荣获“中国休闲服装——最具影响力品牌奖”；真维斯荣获“2009中国纺织服装品牌影响力传媒大奖——最具影响力都市休闲品牌”。

6. 2010年

4月，荣获“2010中国慈善排行榜之十大慈善企业”称号；荣获中华慈善奖“最具爱心外资企业”称号；荣获“2009中华慈善奖之最具爱心外资企业”。

6月，荣获“2010中国社会责任优秀企业”“2010中国企业履行社会责任优秀案例”。

10月，荣获“2009—2010中国市场畅销服装品牌”。

11月，真维斯牛仔裤荣获“2010年裤子产品质量检测优等品”称号。

12月，真维斯荣获“2009中国纺织服装行业年度精锐榜——十大服装品牌”；真维斯杯荣获“2010中国纺织服装行业‘年度精锐榜’之十大创意赛事”。

7. 2011年

1月，获“共铸中国心”仁爱企业。

3月，真维斯荣获“第七届中国服装品牌年度大奖”“第七届中国服装品牌成就大奖”。

5月，获“非公经济发展先进单位”。

7月，获“广东扶贫济困红棉杯金杯奖”“中华慈善奖”。

9月，获“最佳雇主选择、员工导入培训最佳方案”。

10月，获2010年男装企业排序名单休闲服品牌排名第一；中国纺织品牌文化50强。

8. 2012年

4月，获中华慈善奖“最具爱心外资企业”称号。

5月，获“慈善榜十大慈善企业”称号。

7月，获“广东扶贫济困红棉杯金杯奖”。

11月，获“全国服装行业两化融合示范企业”“中国广告长城奖”。

9. 2013年

1月，获“年度最佳雇主”；人力资源运用年度典范亚军。

4月，获“中华慈善奖”。

7 月，获“2012 年服装行业百强企业”。

10. 2014 年

1 月，获“全国纺织行业质量奖”。

7 月，获“广东扶贫济困红棉杯金杯奖”。

（六）发展路向

从 20 世纪 70 年代初公司成立至今，旭日集团的发展践行了一条创新的道路。杨钊认为，科技和创新是新经济背景下历史前进的动力。21 世纪是信息科技的时代，因此，最先掌握信息科技的企业，就将是新世纪的赢家。以旭日集团为例，计算机在多年前就已在旭日集团里得到普及，公司的专业人员一直利用计算机收集市场信息、分析数据、把握市场脉搏，并且利用先进的计算机软件设计服装、管理企业。正如杨钊所说：“创新不仅指服装款式和市场的创新，而是整个理念的创新。”今后，旭日集团将继续坚持“人无我有，人有我优，人优我转”的策略，不断发展高新科技，开发新品种，挖掘新市场，争取成为 21 世纪服装行业的先驱。成功并非偶然，“为自己的进步不断努力、为企业的发展不断努力、为人类社会的进步不断努力”，这正是杨钊团队和旭日集团的理念和愿望。①

四、商道分享

旭日集团能够迅速成长取得骄人成就，与杨钊所推行的一整套经营管理思想和模式有着密切的联系。在他深深领悟到中华文化之精髓，总结管理经验时认为，这是中国优秀传统文化与西方现代工业文明有机结合的必然结果。杨钊概括出完整的

---

① 侯燕纯. 杨钊　走创新之路　行兼善天下［J］. 财经界，2007（3）：62－65.

富有特色的“旭日企业文化”，如发展战略为“人无我有、人有我优、人优我转”；工作策略为“分轻重、随机应变、事缓则圆”；员工守则为“学习工作、学习生活”“不断学习、不断改善”等。

（一）成功关键①

无论是从个人的角度，还是从企业主的角度，杨钊都是成功的，其成功源于以下几点：

1. 个人成功要点

勤学善思的杨钊总结了他所认为的成功五要素：②

第一，善于观察，学会不断地去观察人，观察周围的事物。观察事物，可以不断地磨炼自己的大脑，因此，必须要善于观察。然后善于思考，善于总结。人生能够不断地观察、不断地思考、不断地总结，就会不断地提高。

第二，三分运气、三分知识、四分努力，是成功人士或者成功企业的必要条件。知识可以靠学习，努力可以靠勤奋。运气是怎么来的呢？佛典给予了清楚的解析：运气缘于努力。如果个体昨天结了很多的善缘，那么他今天就能做好事情。明天的运气取决于今天的努力。创业者要广结善缘，这样的话，他明天的运气肯定会比一般人好得多。

第三，有“三个心”：事业心、决心、恒心。做一件事，或者做一个社团、做一个企业，必须有这三个心。事业心是第一个，要办事情，就得有事业心。第二个，单有事业心是不够

① 佚名. 为众生　为人群　为社会——记香港旭日集团杨钊居士[EB/OL]. http：//www.ebaifo.com/fojiao-207253.html.

② 佚名. 第三届世界佛教论坛“企业家与佛法”分论坛——杨钊居士的演讲及其和企业家们的交流问答录[EB/OL]. http：//blog.sina.com.cn/s/blog_8d4de2090102ve53.html.

的，必须要有决心，最后，还要有恒心。

第四，必须要有四个步骤：信、解、行、证。第一点，创业者做一件事情，必须首先建立起信心——将信将疑的话，就不要去做。要有诚意，必须学会诚恳、虔诚。第二点，要了解。审视了解自身的优点有哪些，自己的缘在什么地方。根据自己的兴趣、自己的语言、自己的优势去发展，个体就会获得较佳的效果。第三点，行，就是要试。要有行动力，在字里行间学游泳，是行不通的。必须要到游泳池，到海边去学游泳。在工作之中学会工作，在生活之中学会生活，在行动中不断地去磨炼。第四点，证明，去证明与实证成功及其合理性。个体的诉求是否满足，目标是否达到。如果满足了、达到了，就证明它是合理的、行得通的。这就是信、解、行、证的四个步骤。

第五，拳不离手，曲不离口。明明掌握了知识，为什么达不到目标？因为个体没有练习，总是认为已经看过，了解了，知道了就没问题了，其实不然。由教育学的角度审视，看过不等于掌握。做一件事情，不仅要学习，而且必须要练习。如何练习？古人云，拳不离手，曲不离口，知行合一。知行合一，就是实践跟理论要合一。在日常工作中，不断去练习了，坚持不懈地练上三年，定将踏上成功之途。

2. 企业成功要点

从20世纪70年代初创至今，旭日集团的成功，首先是因为有一个好的领导班子，其次是有一个长远的目标和长远的规划，最后是长期以来培养了一支优秀的骨干队伍。因为大家有了一个共同的理想，边实践，边学习，边总结，然后就产生了一个理论联系实际的管理模式，形成了旭日集团鲜明的企业文化。其核心内容就是：自己拥有和需要什么？市场需要什么？作为一个企业，我们能给市场提供什么？这样就让旭日集团明晰了自己的定位和角色。定位和角色找到了，就围绕着目标和规划来进行，加上有一批很出色的领导核心带着骨干队伍去努力，通过不断学习、探索、实践和总结，旭日集团就找到了自己的道路，并集中优势兵力不断去拓展新的空间。杨钊作为一个企业家必须要了解一个企业怎样才能成功，而且不只今天能够成功，明天、明年要继续成功。因此，杨钊指出今天要取得成功，以及明天要继续成功。①

企业成功的因素需要讲究策略。旭日集团是搞房地产以及零售的，有一个服装零售店叫“真维斯”，在中国有 2 000 多家，旭日集团的策略——就是 12 个字，第一，人无我有。必须要做些自己有优势的行业，要看好自己的角色，选好自己的定位，必须要做自己擅长的行业，一定在五年内、七年内、十年内打拼成自己行业中的前三名，如果不能够成为前三名最好就别干了，马上转行。能够成为行业中的佼佼者——前三名，靠的就是人无我有。第二，人有我优。当市场都有这个产品时，在质量上就要比别人好，在这方面达到一个领先的地位。第三，人优我转。当别人的产品质量都很好时，就必须要转到其他领域。策略二是“顾客导向”，一个企业必须要创造双赢或者多赢的局面；只有多赢才能令企业立于不败之地。这个双赢的策略就是以顾客为导向的，让顾客先赢，员工先赢，他们就一定会拥护你，能够得到顾客和员工的拥护，这个企业一定会成功。②

---

① 佚名．杨钊：人生的追求永远不划句号［EB/OL］．http：//www. kejialianmeng. com/portal. php？ aid = 201&mod = view.

② 奉灵芝，牛方礼．裤王 杨钊［J］．中国对外贸易，2006（4）：40 – 42.

（二）品牌管理

众所周知，真维斯是享誉服装界的名牌。旭日集团的其他品牌，做得也很出色。那么，杨钊究竟是如何管理这些品牌的呢？

1. 品牌理念

1993 年 1 月 1 日，旭日集团成立了真维斯国际（香港）有限公司，宣布进军内地零售市场。由于当时国内休闲服装市场尚处起步阶段，真维斯发展相对较缓，只能满足 60% 左右的目标市场，未达预期目标。杨钊于是根据国内地域、气候和生活习惯等差异对市场进行了细分，于 1994 年下半年成立了大进投资有限公司，使真维斯的覆盖面伸展得更宽广，取得了预期的效果。为外界所关心的是：在休闲服装市场竞争愈发激烈的情形下，真维斯究竟是靠什么理念独占鳌头的呢？

（1）打造大众化名牌。

真维斯服装多年来始终紧贴时装潮流的休闲风格，其目标市场是青年人，尤其是 18 到 25 岁的群体，并为其所认同和信赖。杨钊认为，真维斯的核心理念是强调“名牌的大众化”，追求“物超所值”，让年轻消费者有能力消费真正的名牌。公司目标群体的特征追逐流行元素，但受其年龄、收入等限制，难以承受世界名牌的消费。真维斯即致力于弥补这个巨大的市场空缺，因此得到年轻消费者的广泛响应，并呈现快速发展的态势。真维斯提倡“名牌的大众化”是基于其拓展中国市场与符合消费者心理的双重需要，真维斯的愿景即为做中国公众消费得起的国际品牌。其“物超所值”的理念是依赖企业内部强大的管理体系和卓越的成本控制，以高超的质量和优惠的价格回馈顾客。

（2）全新的广告创意。

很多国内休闲服装品牌通过聘请形象代言人的方式提升品牌形象，取得了一定的效果。真维斯却没有步之后尘，为什么呢？杨钊认为，尚未发现哪位明星能完全契合真维斯品牌，所以真维斯舍“人”取“事”，把品牌推广放在年轻人热衷的活动上。[①] 譬如，与中国极限运动协会合作，举办首届全国极限运动大师赛等。透露真维斯维护品牌形象的“法宝”即为注重广告创意，避免东施效颦。再如委托顶尖专业机构制作的“有心，就有翼”的广告，以其全新的创意和动感的节奏，一经投放就立刻得到市场积极的响应。

（3）品牌 LOGO 别具一格。[②]

真维斯服装 LOGO 设计采用真维斯的英文名称直接变形而成，字母直接变形设计较之图形更为直观、立体和国际化。LOGO 设计中 J、W、S 三个字母做突出的提炼设计，其中的 J

① 佚名．真维斯的品牌理念[EB/OL]. http：//fuzhuang. 3158. cn/20120813/n7525859739370. html.

② 佚名．真维斯女装所属品牌的运营管理机制[EB/OL]. http：//www. 51nz. com. cn/article/201309/37973. html.

和W结合，以简洁的形象体现品牌，传递轻快的美感。小写字母活泼动感，圆形设计突破以往长方形图案的格局，浅蓝色的色彩运用独具匠心，整体营造真维斯年轻、时尚、健康的品牌形象，潮流指数因之飙升。字母S的设计充满流线韵律感，充分体现服装的休闲风格及舒适感。

2. 品牌策略

在理念的指导之下，旭日集团的品牌策略水到渠成。

（1）定位清晰准确。

1990年，在真维斯国际（香港）有限公司收购澳大利亚真维斯品牌之后，鉴于当时中国内地的休闲服饰品牌发展刚起步，杨钊当机立断，适时地将真维斯引入内地市场。一个成功的品牌，首先必须有清晰的定位。真维斯在进入中国内地市场后，其目标消费群体十分清晰，即是18至25岁的年轻人——追求休闲和个性化的青年群体。定位明确之后，真维斯的各个环节都在为之发力。不可忽视的是，真维斯倡导品牌大众化，把产品定位于中档服装，追求商品的超值，即其边际利润是市场上同层次品牌里最小的。

很多人都不明白，既然有那么清晰的定位，市场需求又那么好，为何不把利润提高呢？持这种观点的人可能没有留意中档商品价格弹性的概念。而由于这种意识的缺乏，国内很多品牌在走红的时候抬价赚取超额利润，之后自食品牌坍塌的结果。赚取的暴利越高，产品的生命周期越短——无异于自取灭亡。在杨钊看来，清晰的定位须长期秉承，不容失偏。这样，真维斯物超所值的理念深植于员工与消费者心中，品牌才可以长期走红。

（2）专注擅长领域。

杨钊认为，中国企业与国外企业最大的差距在于，中国企业还不懂得品牌价值。许多国内服装企业往往致力于抄袭、模仿他人的款式、产品，原创元素极其缺乏。而原创意味着品牌的灵魂，是支撑其强大的竞争力。品牌价值的缺失让中国产品在国际市场的地位一直以来并没有因市场份额的不断扩大而改变，原因主要在于国内企业对于做品牌、做产品的忽视与漠视。做品牌需要专注，要用心呵护，要不断创新。企业如果急功近利，势必跟风市场，难以取得理想的绩效。真维斯对于品牌可谓专注。多年来，真维斯始终专注于休闲服装领域，及时把握国际潮流，适时根据市场变化研发与推出新品。在专注领域累积的经验，使得真维斯发展的步伐越走越稳。事实上，在 1998 年，真维斯也碰到市场转型的问题，但这对公司的影响并不是很大。因为旭日集团只做真维斯品牌，只做休闲服，当发觉市场有偏离时，旭日集团集中力量，用了两年的时间把它调整过来。

如前所述，作为休闲服装领军企业，真维斯在品牌推广中塑造品牌形象，没有采用其他同业采取的方法，甚至明确拒绝代言人。对此，杨钊有他的道理。新创品牌使用代言人，可以迅速提升知名度。但代言人未必是其所代言品牌的真正消费者，他们的代言行为与品牌内涵存有差距。如果这一差距超过某一限度，或许就会造成消费者心理紊乱与认识模糊。如果代言人个人逾矩，反过来又会伤害品牌形象。真维斯其产品是与品牌个性和定位相呼应的。所以，这些资金预算用在其他一些推广活动方面更有意义。真维斯不需要代言人，因为在中国多年，真维斯已经确立了其知名度，在消费者心中有了固定的形象，甚至不亚于名人。而真维斯的这个形象，就是年轻健康。为了塑造品牌形象，真维斯一向高度重视学生这一极具潜力的市场，积极开展与之相关的活动，每年举办“真维斯杯休闲服装设计大赛”等。此外，真维斯还参与其他一些有意义的活动，如捐款希望工程、赞助极限运动，通过这些活动提升品牌形象。

（3）理性对待加盟队伍。

绝大多数服装品牌都是采用直营店和加盟店相结合的运作方式，一些实力雄厚的大品牌往往喜欢采用直营的方式。直营具有很多优势，不但可以为顾客提供舒适的购物环境，而且能起到巨大的广告宣传作用，给品牌系列产品提供一个完整的展示空间，满足不同层次消费者的需求。在一些大城市设立品牌的营销旗舰店，可起到树立品牌形象、辐射周边的作用。和同行相比，真维斯在营销模式方面也有其特色，就是以直营为主，加盟为辅。杨钊认为，特许经营虽然能迅速拓展市场，但长远来看，在贯彻品牌理念上仍存有不可忽视的问题，真维斯80%的店铺是直营，其好处是形象、产品、营销方式可以统一，同时要求加盟商在管理、营销方面与真维斯统一。加盟商是投资者，如果品牌赢利能力强，加盟商会永相追随。真维斯考虑的是市场稳定发展，只有稳定发展，品牌才能永葆青春。

有的品牌主要依赖加盟商，或许是因为资金不足，希望借此加快资金回收进度，维持企业运转，保证经济效益。这种态度忽略了品牌的竞争力和生命周期。加盟商固然有助于品牌以最快的速度融资。在销售看好的时候，加盟商利润丰厚，加盟商队伍可以保证。但在销售下滑时，加盟商会自动流失。这样，品牌的资金供给与销售渠道都会出现问题，致使生命周期缩短，造成品牌的生存危机。真维斯在对待加盟商的态度上，一直表现得很理性。在一些大的城市，真维斯坚持直营。只有在一些小城市，才让加盟商去做。真维斯无须加盟商的资金来支持发展，只是需要加盟商填补若干市场空白点。

（4）修炼“内功”增加谈判筹码。

做品牌要有长远眼光，只顾眼前利益是得不偿失的。客观地说，真维斯在中国的发展步伐不是很快，但是稳健有余。这与一些品牌短期内开设上千家店铺的做法颇为不同。其实，在市场开发，尤其是在与商场的合作方面，真维斯一直都有自己的策略。真维斯不会受商场的压榨，因为真维斯自身已有很高的知名度，不需要商场的知名度。品牌企业如果认为商场销售条件不合理，可以选择不进驻商场。而一旦决定进驻商场，必须利用大商场的知名度和客流。大商场的优势是其知名度与人流，这是长期投入的结果。一个新品牌进入商场，意味着拥有了较佳的销售平台，商场提出相应的条件也是合理的，在商言商。

品牌在与商场合作时，要讲究策略。双方的合作关系取决于双方的谈判条件，品牌企业要充分利用自身的优势。有一些新商场，开的时间不长，要靠一些名牌提升商场名气，可能在谈判中居于弱势。譬如，国外某名牌进驻，商场给的条件是一年免租，只要求设一个销售点。因为国际品牌可以带动商场地位的提升。品牌在与商场合作中，如果自身的素质提升，就等于给自己增加了谈判筹码。做好自己的品牌，优化产品的质量，有一定的消费者基础后，再跟商场谈，这样商场才会给予更优惠的条件。

3. 品牌推广①

让诸多商家最为头痛的，往往是品牌推广的问题。这方面，真维斯表现依旧优秀。

（1）直击客户感受。

所谓休闲，必须针对目标群体去考虑，尤其要考虑客户心理层面的感受。现代年轻人个性较强，宜用娱乐而非说教的方式，让个体从严格的社会限制中得到释放；打造让年轻人既不用牺牲个性，又能够找到身份认同的平台；让年轻人逾越工作生活中规矩的限制，纯粹以才华来获得别人的认可，并且淡化

---

① 亚博．解析真维斯成功的品牌策略［J］．市场营销导刊，2007（1）：61－62.

现实考虑，去感悟得到实现超我的体验。营销者要巧妙地击中“痛点”并引导消费者参与其中，展开良性的互动，让消费族群自动聚集，形成“品牌部落”，产生品牌气场，强化其纵深影响力。

在众多的同类服装品牌中，为了保护和增强品牌形象，真维斯从连锁店铺的卫生环境、店内安排、商品摆设、微笑服务、售后服务、营业员的招聘、提拔和工作培训及指导等方面入手，提升服务质量。在与客户沟通方面，真维斯一直都在谋求创新的路径，但贴近目标群体的路向，一直“不忘初心”。明星代言人已经被拒绝，电视广告投放也少之又少。但真维斯一系列自由、休闲的主题活动却吸引了越来越多追逐时尚的年轻消费者。真维斯连年举办“真维斯杯校园服装设计大赛”，挖掘学生市场；举办“真维斯杯休闲服装设计大赛”“真维斯全国极限运动大师赛”“真维斯中国模特大赛”以及“真维斯超级新秀评选”等一系列大型营销活动，有效地捕捉、引导与影响了年轻消费群体。

真维斯需要消费者体验其品牌理念和服装文化，知晓流行产品，并交流探讨休闲流行趋势，发表对服装设计做工的意见，以改善其生产设计环节。当消费者在购得真维斯产品时发觉其意见建议已经被采纳，会获得极大的参与感、认同感和满足感。“真维斯杯休闲服装设计大赛”以“乐·潮”为主题。在音乐里，设计师是跃跃欲试的弄潮儿，服装设计中无穷的想象和无尽的可能，在音乐中尽情展现。设计师以优秀的创意作品呈现炫彩夺目的潮流盛宴，用独到的设计理念将大赛主题演绎得淋漓尽致。

（2）植入“互联网+”。

真维斯的主力受众即为年轻人，因此得到真维斯的高度重视，通过“互联网+”概念的切入，用网络媒体开展广告营销活动。早在2002年，真维斯即选定网易为其系列营销活动的独家网络合作媒体。众所周知，各类网站数量多如牛毛，该如何选择合作网站取决于其影响力。门户网站是服装品牌的首选。以网易来说，作为领先的门户网站，不但拥有庞大的用户群体，网易首页、电子邮箱均是国内领先的高价值营销资源。并且，网易还是大学生的首选媒体，在年轻用户中颇具影响力。这些优势，都可以帮助真维斯有效实现网络推广的目标。网易首页的热门板块，如体育、娱乐、生活、女性等开设“品牌专区”，设置了“休闲王国”入口，这些年轻用户集中且活跃的频道，均对真维斯品牌进行巧妙的跟进。网易方面结合真维斯的消费者状况，提出了“真我阵营”的大论坛营销概念。借助该论坛，真维斯可以与消费者有效沟通并达成营销目标。于是，真维斯“休闲王国”大型消费者互动网络社区破茧而出。消费者可在其中了解品牌的市场动态，参与抽奖、讨论等客户互动活动。真维斯“休闲王国”搭建了品牌及其拥趸的新媒体沟通渠道。消费者只需注册登录，即可了解当今的流行元素与休闲时尚，以及真维斯的新品促销活动等。

对于持有VIP卡的忠实消费者，真维斯为其提供了更多优惠。每年一度的“激赏之旅”会员活动组成的声势浩大的北京免费观光团，饱览北京名胜之余，又可现场观摩中国“真维斯杯休闲服装设计大赛”总决赛等。这些活动的宣传、参与等均在社区中进行。拥有真维斯VIP卡的消费者人数众多，其中18~25岁的消费者占多数。他们热爱时尚，习惯了与网络为伴的生活。通过社区形成的“兴趣团体”，他们每天都就与真维斯品牌形象、应季新品相关的信息进行互动交流。真维斯“休闲王国”创造了一个纯粹“休闲”的话语环境，成为休闲爱好者交流聚会的天堂。网游《天龙八部》里有个裁缝角色叫“真维斯”，在这里可以购买或出售各式护具类装备或者装备打造图。很明显，这就是真维斯的服装广告。但玩家都晓得“装备”对于网游的重要性，所以“裁缝——真维斯”品牌的契合性是非常精妙的，每个玩家在虚拟世界无数次全神贯注地与真维斯亲密接触，反复沟通，印象深刻。真维斯就这样深深地植入目标客户心中。[①]

（三）大局意识

经营一个企业，不能拘泥于一城一池的得失，须着眼全局。而这，需要一种胸怀，一种气魄，一种智慧。

1. 纵横多元，运筹帷幄

企业的战略管理，要求业务的稳健运营。如果企业仅仅锚定狭小的业务空间，其市场风险将是可以预见的。20 世纪 80 年代，杨钊就感觉到在服装加工生产业务方面，消极地等待订单是不稳固的，公司应该战略性地考虑多元化发展，首先应发展纵向一体化，从单纯的生产加工向品牌凝练塑造转移。经过多年的摸索，在 20 世纪 90 年代，旭日集团的横向一体化已因涉足房地产和金融行业而战绩彪炳，纵向一体化方面则是进军服装零售业。

1990 年，公司收购了澳大利亚一个休闲服装品牌“Jeanswest”（真维斯），由此展开了后续的一系列的品牌运营。应该说，真维斯品牌的“牛仔”这个切入点以及休闲服饰的市场诉求，既是旭日集团的刻意寻找，也是一次偶然的巧合。经过几年的努力经营，分销地区拓展至新西兰，而分销店超过 200 家，成为澳大利亚第二大休闲服装连锁店。1993 年，旭日集团成立了真维斯国际（香港）有限公司。5 月 28 日，真维

---

① 佚名．真维斯网络营销案例解读［EB/OL］．http：//info. ceo. hc360. com/2007/07/02081943510. shtml.

斯第一家专卖店在上海开业，宣告其正式进军内地市场，成为年轻人“时尚”的象征。至20世纪90年代中期，真维斯专卖店已覆盖湖南、湖北、四川、重庆、江西、江苏、安徽、上海乃至整个长江流域，以及华北的一二线城市，直营店逾500家。旭日集团由工贸延伸至零售，实现了第四次转型。1994年，集团下属的惠州大进制衣厂荣获ISO9002认证书，成为中国乃至东南亚制衣业首家获此殊荣的企业，并成为全国第一家获得中国进出口免验证书的“三资”企业和服装生产企业。

做了四十多年休闲服加工生产的杨钊将自己产品的特点概括为：“休闲服的概念从国外传入，强调穿着上的随意和轻松。休闲服的一个特点，形象地说，就是穿着新衣服时有旧衣服的舒适感。用机器对面料进行水洗处理，是休闲服设计加工的一个重要元素。”① 1993年上海专卖店开业时，内地休闲服的潮流刚刚兴起，彼时进入内地零售市场的定位是“领导潮流”。一条样式简单的牛仔裤，售价为180元人民币，这个价位在当时的收入水平下不算低，但仍吸引了不少年轻人。“如今，90元人民币一条的休闲裤，在款式和面料等方面，比那时都要好。”如果说上海专卖店是旭日集团打开内地休闲服市场的投石之策，那么青岛专卖店则是问路之举，而且大获成功。开业当天的火爆销售局面，让杨钊对内地休闲服市场信心倍增。当天，杨钊保守地预计一天的销售额应该在4 000到5 000元人民币。结果却是，一间70平方米的店面，一天营业额竟高达12万元！原计划卖两个月的货品，不到两周即销售一空。公司迅速展开全面布点工作。短短一年时间里，即到1994年，即在内地布点专卖店100多家，至今已逾2 000家，

① 佚名．休闲服造就人富豪　真维斯老板资产3 000亿？[EB/OL]. http：//money. huagu. com/financing/0000006090. html.

年营业额数十亿元。

多年前，真维斯引领潮流，卖价相对较高，如今，内地休闲服市场更趋多元，杨钊因此也相应调整思路，即改做大众化的名牌休闲服，以超值的标价吸引更多消费者，让顾客都消费得起，从而获得更大的市场份额。随着休闲服饰市场竞争日益激烈，真维斯将目标顾客群定位于中档，并在零售业务方面不断创新。2003 年，真维斯与 I. T 公司合作，把日本品牌引入中国内地、澳门和台湾。同时拓展业务范围，将全球最畅销的“板服” Quiksilver 引入内地市场，并填补了集团在香港零售市场的空白。多年来，真维斯以品牌大众化的经营理念，物超所值的市场策略，稳居内地休闲服装市场的领导地位。

四十余年间，旭日集团已蜕变成为一个融服装零售、制造、贸易、房地产、投资为一体的多元化大型跨国企业，净资产超过 100 亿港元。在纺织制衣方面形成了生产、贸易、零售“一条龙”服务。其纺织制衣产品除牛仔裤外，还拓展出使用梭织、针织等不同工艺的男装、女装等各类休闲服装。除了在中国内地、香港及海外拥有多项优质物业和金融业务外，其属下的上市公司旭日集团企业有限公司在中国及澳洲设有批发零售业务，年营业额数十亿港元，产品远销美国、加拿大和澳大利亚等国家。

2. 全局着眼，稳健发展

杨钊认为，人生追求不应有终点，而是不断创造、不断改善，让创新源源不断，永远不画句号。这种理念就被融进了旭日集团的发展战略中，即为“全局着眼，稳健发展”。有关企业发展，真维斯重视稳健甚于速度。杨钊认为，其增速每年高出 GDP 三至五百分点即可。如此挂钩，真维斯不会追求盲目扩张冒进，国人的消费能力始终受到尊重，品牌发展自然稳健。1996 年秋，真维斯意外地跌入低谷。报表显示，大多数店面业绩惨淡，目标市场呈饱和状态——快速开店所掩盖的种种问题逐一暴露：士气不振、效率降低……旭日集团为之伤透脑筋，进行了为期两年的调整与修正，但依然收效不大。问题在哪里呢？其实无论在业界，还是在理论界，都存有“头痛医头脚痛医脚”的恶习——“目无全牛”是通病。真维斯的问题，不在于一局一事，而在于时代背景下失偏的战略定位——该动大手术了。1998年底，真维斯启动战略整顿，将“引导潮流”的战略定位改为“紧跟潮流”，将其价位下调为中档，以全面契合70%至75%的中档目标客户的消费心理。真维斯甚至一度推出亲民价30元的T恤。这一战略调整，经由中心城市的专卖店辐射至周边卫星城市，延伸至国内各二、三级市场，第二年即见起色，效果好于预期。

“全局着眼，稳健发展”的理念让旭日集团在做大与做强两方面齐头并进。四十余年来，集团在世界各地的物业投资近7亿美元，全球雇员3万余人。在纺织制衣方面形成生产、贸易、零售“一条龙”服务。产品除牛仔裤外，还开发出梭织、针织等工艺的男装、女装等各类休闲服装，以其名牌产品真维斯享誉业界。

3. 宏观研判，兼济天下

穷则变，变则通，通则达。众所周知，香港是“三高”地区：人工高、租金高、费用高，企业要生存，必须懂得转型，经营有优势、有特色、有竞争力的业务，这样才能支撑高成本，否则势必无法存续。旭日集团从最初的劳动力密集型向服务业，向高增值行业发展，靠的就是宏观研判，未雨绸缪。在问题尚未发生时，预先评估其风险。当问题真正到来时，也就能够迎刃而解了。1978年，内地刚刚开始改革开放。杨钊敏锐地预判，中国经济大发展的格局即将来临，参与其中、报效祖国的机会已然来到。对于旭日集团在内地的发展，杨钊一直信心十足。投资者不仅需要考虑宏观的短期政策变化，更要着眼于中长期的方针政策。中国的长远目标，就是实现现代化和国家统一，这是从来都不会改变的，也是杨钊非常看重的。他反复强调，参与内地建设，一定要做到实实在在的投资，而绝非巧取豪夺的投机。比较而言，一些到内地钻营招商引资政策漏洞而游走各地的投资客，其资本回报不甚理想，社会效益更加惨淡。1978 年，杨钊抱着对改革开放的坚定信念，怀着对祖国家乡的炽热情怀，投资逾百万在广东顺德容奇镇设立了“大进制衣厂”，成为港商到内地投资设厂的开创者和改革开放的“排头兵”。领风气之先，创办了全国第一家来料加工、补偿贸易工厂，由此名声大振。一花引来百花香，大批的港澳商人争相跟进在珠三角投资办厂，有力地繁荣了当地经济发展，促进了两地经贸合作，并缓解了香港当时劳工短缺对工业制造业的不利影响。

发展事业的同时，杨钊积极践行其“达则兼济天下”的信念。他认为，经济条件好了，就要兼济天下，这也是一种安身立命之道。尽管杨钊从不标榜自己怎样爱国，但他用实际行动做了许多事，旭日集团因之有了更大的发展。很多人认为创业难，守业更难，但杨钊认为，难者难，易者易。说它难，是因为企业经营缺乏宗旨或是宗旨不对；说它易，是因为宗旨对了，并能坚持始终。一切以市场与顾客为导向，才是长久之道、生生不息之道。换句话说，企业的一切行为应以市场和顾客为中心，产品要为市场、顾客服务。在内地设厂之初，杨钊碰到的主要问题是，内地企业管理的观念还停留在“吃大锅饭”的层面。在杨钊眼中，“大锅饭”事实上是“兼济”的否命题。于是改革分配制度，实行多劳多得，企业的效益立刻有所改观。杨钊投资中国内地，不只是为了他的事业，还寄托了情：民族的情、祖国的情、家乡的情。杨钊基本上将他的事业和人生奉献给了祖国，将其与祖国的改革开放捆绑在一起。因为改革开放取得成功，杨钊的人生和旭日集团的事业也取得了成功。杨钊是参与祖国改革开放最早的客商。为了祖国的复兴与家乡的发展出力，这是杨钊的心愿。杨钊实现了他的心愿，并将它实现得更为圆满。

在公司发展方面，大多数的人都是以经济利益为原则来衡量事业的存在价值。有一段时间，杨钊身边的同事不支持把工业发展继续下去，杨钊其实也曾想过放弃，但每每想到只要多支持一日，公司里的三万多名员工便能多开一日工，而每个员工背后的家庭便能多开一天饭，于是毅然地坚持下来。杨钊做生意的出发点不单纯是为了赚钱，而是将心比心。杨钊想起以前他的父母也曾像现在的员工一样，一旦失业，整个家庭便没饭吃，辛劳一生也只为养儿育女。杨钊不断转换思路，寻找新方法，结果成功从工业转营贸易，再转为零售。杨钊坦陈："虽然这个过程非常艰苦，但是旭日集团现时千余家零售店，三万多名员工得以继续就业，他们的家庭得以温饱，我们的心血总算没有白费。这给了我精神上的快乐。虽然钱财买不到快乐，但我们可以通过钱来帮助别人，令自己得到快乐。"① 为了长久推动大陆制衣业发展，增加服装出口，杨钊高度重视人力资源工作。他捐资3 000多万港元，于20世纪70年代在家乡惠州成立了全国第一所采用国际高等服装教学标准的学院——"西纺广东服装学院"。该学院不仅引进了国际先进的服装教育标准，填补了国家的空白，也为引进国际职业技术教育模式开了先河，更成为产教结合的倡导者和实践者。

---

① 佚名."旭日"杨钊——做客行愿会客厅［EB/OL］. http：//blog. ifeng. com/article/12939223. html.

（四）大智大勇

时下在打工者身上体现得较为普遍的，也是令创业者非常头痛的现象就是市场经济意识的更迭使得部分个体过于看重回报而吝于付出。这种现象很令人无奈，能够成功突围的，就将在更高层面取得成功。杨钊的成功之处不在于其精于算计，在于其商海搏击时的大智大勇。

1. 执着真诚：勤勉创业[①]

人们不禁要问，旭日集团是怎样创造辉煌业绩的？“只要勤力，不会吃亏”。杨钊不仅有着现时年轻人身上少有的吃苦精神，而且勤奋好学。初到香港工作不久，杨钊便被介绍到条件更好的制衣厂，并很快提升为工头、领班、厂长，接下来，老板甚至给了他部分股权。仅仅 4 年，杨钊就从最底层的杂工晋升到老板阶层。那时的他已掌握制衣业的全套技术、运作方法和销售渠道，从而为今后的事业打下了基础。从一名底层杂工到精通制衣业务的行家里手，杨钊只用了 7 年时间。1974 年，27 岁的杨钊认为创业时机已经成熟，他拿出积蓄，呼朋引伴，走上了“旭日”创业之路。

刚刚成立的旭日制衣厂，急切地等待订单的出现。年底即将来到，但订单仍然没有——再拖下去工厂将倒闭。杨钊急得像热锅上的蚂蚁，四处问询是否有剩余或多余的订单。有一天，一个朋友问杨钊：有一个 200 打的牛仔裤订单，你能不能干？杨钊眼睛一亮，未加思索就接了下来。等对方拿来样板，杨钊几乎懵了。这是什么裤子？怎么从未见过？4 英寸见方的格子被一个个地打在牛仔布上。虽然有些无厘头，但美国人就要这个。

---

① 王勤．从一贫如洗到“裤王”看杨钊的创业方针［J］．港澳经济，1998（2）：48－49.

关键是，谁也吃不准它的工艺流程，所以没人敢接。当时这种裤料很厚，普通缝纫机难以缝制，须由手工完成，复杂性可想而知，愿意承接的也开价每打550元。杨钊心一横："难是难了点，但是我们做！"他认真进行了核算，居然以每打299元接了订单！执着、聪明与勤勉的杨钊居然不可思议地攻克了技术难题。他和员工凭借多年积累的丰富知识和经验，发明了一种专门制作牛仔裤方格的小型工具，来取代人工缝制，有效降低了成本，大大提高了生产率。杨钊的旭日制衣厂开足马力、全力以赴，总算熬过了第一个月。第一年最终生产了十万打牛仔裤，工人从一百多人增加到一千多人，厂房面积由600平方米扩大到10 000平方米。杨钊一炮走红，第一桶金赚得盆满钵满。短短两年时间，旭日制衣厂即获利600万港元，接着成立了集团公司。随着20世纪70年代中期格子牛仔裤风行世界，旭日制衣厂声名鹊起，杨钊因此被誉为"香港裤大王"。

企业运营须应对多方面的不利因素，已有所成的杨钊不得不考虑影响旭日制衣厂高升的另一限制因素——香港的外贸配额制度。彼时，香港企业出口纺织服装需要购买配额，由于竞争激烈，配额从第一年的6元/打疯涨到第二年的126元/打。如此抬升，不仅盈利很难保证，家底本来就薄的旭日制衣厂极有可能被拖垮。执着的杨钊不肯放弃，千方百计寻找对策。他通过新闻了解到，菲律宾无须购买配额，只要企业有出口额，政府就给。于是，杨钊决定将部分生产转移到菲律宾。一年后，杨钊又得知印度尼西亚不仅无须购买配额，出口1元，政府还补贴5角。杨钊顺势而为，在印度尼西亚设立了生产基地。1978年，中国内地改革春风乍起，很多人不敢到内地投资，杨钊却认为港商占尽天时、地利、人和的先机，于是便率先在广东顺德成立全国第一家来料加工、补偿贸易的工厂——"大进制衣厂"，成为港商到内地投资兴企的先驱。由于国内各方面的配合，生产成本大幅压缩，工厂办得很成功。后来，杨钊怀着对家乡的炽热情怀，回惠州办制衣厂，培训技术工人，引进海外订单，繁荣了家乡的经济建设。1979 年，中国内地改革开放使得周边经济环境联系更为紧密。旭日集团顺利转型，由生产商转变为国际贸易商。此后，杨钊的制衣集团果然如同旭日东升，开始向海外拓展，先后在菲律宾、印度尼西亚、孟加拉国及柬埔寨等地投资建厂，在东南亚国家迅速亮起“旭日”大旗。杨钊认为：“人要有事业心、决心、恒心。事业心即立志，不立志，万事难成；决心即破釜沉舟，不能退缩；恒心就是要坚持到底。年轻人最易犯的毛病就是沉不住气，熬不得苦，往往功亏一篑。”① 杨钊正是凭着执着、真诚支撑着他的决心与恒心，开创了辉煌的事业。

2. 独具慧眼：逆势而为

1981 年，香港经历多年的高速发展，其银行每年的存款均保持四倍以上的增速。财富的快速积累，极大地刺激了香港房地产市场的需求。招标、评估、竞投、拍卖，土地交易炙手可热。但意料之外的世界经济萧条和中英香港问题谈判，令港人信心突现危机。1982 年楼价暴跌 60%，1983 年全面崩溃。杨钊此刻悄然出手，逆势而为，拿出一半资产投资地产业，将大片厂房低价购入，自用或转租。

直到 1984 年，《中英联合声明》签署后，香港的未来方向明确了，房地产市场才重新复苏，第二年即呈现上涨势头。1985 年，杨钊投资 8 000 万港元买入星光行，不到 10 年的时间，卖出 12 亿港元。1986 年，杨钊斥资 2.08 亿港元，购入香港中心区域尖沙咀新钢行 40% 的楼盘。杨钊说：“充满活力和

---

① 佚名．杨钊：投资精神财富［EB/OL］．http：//blog.sina.com.cn/s/blog_e0f510c20101k9gb.html.

竞争力的香港，一定会使1981年的高价行情再次出现。”果不其然，此后连续15年，香港房价年均增长20%。1990年价格攀升至1981年的10倍以上，该年香港银行的存款是1970年的82倍！房价一路狂飙。杨钊将尖沙咀的楼盘果断出手，售价14亿港元。10年时间，赚了7倍！实践证明，杨钊为旭日集团所做的决策是正确又有远见的。旭日集团以不到3亿港元在1985年、1986年购得的10层星光行和位于旺角的钟意商业中心，在1994年出售时达到19.5亿港元。

1997年，亚洲金融危机不期而至，香港楼价再次一泻千里。杨钊此前售楼套现的资金在这一波楼市低谷期，又有了用武之地。1998年，杨钊斥资12.4亿港元购入尖沙咀旁的北京道一号，然后耗资7亿港元将其建成香港新的标志性建筑，2007年时其估价已超50亿。翻番的赢利已经庞大到令杨钊对之的体会仅为“数字”。此后旭日集团在香港上市，实现了第三次转型，进入资金密集型行业。而在惠州市投资兴建的城市花园，是该市最大的发展规划之一，获得国家建设部颁发的“全国优秀管理住宅小区奖”。杨钊敏锐的商业嗅觉，精准的投资目光，与敢于逆势操作的雄心，无不令人钦佩！

3. 学以致用，杨氏要素

杨钊认为个人要把学到的知识用于实践，才是真的学会。一本影响杨钊行事的佛教经典是慧能大师的《六祖坛经》。此书活化了佛法，非常具启发性。它反映出佛教的启发式教育，如盲人解布袋，自开自解。这种训练使杨钊在面对一些完全没有相关经验的问题时，能突破重围，因此对杨钊的帮助很大，令杨钊能在瞬息万变的商业战场上，把握时机做出明智的决定。杨钊说大乘菩萨的精神就是“自利利他，自度度人”。在企业管理上，杨钊学习菩萨包容大度慈悲的精神，尽量为员工考虑。曾经有一个团队，令公司亏损千万，杨钊没有撤去他们。杨钊认为，撤去一批员工，如切去手足，雇主与雇员双方都会受损。所以杨钊宁愿给他们机会让他们自己去面对危机，只在适当的时候，提醒他们要有着“只要白天赶路，不要黑夜行军”的谨慎，以免他们陷入暗坑，不能自拔。[①]

在 1998 年世界物价通缩的情况下，备受牵连的中国内地市场亦相应进行减价战，很多同行都非常焦虑和彷徨。旭日集团当时亦面临同样的境况。对佛学已有接触的杨钊，开始学习运用佛法思维考虑问题——如因果的辩证关系。杨钊认为没有夕阳行业，只有夕阳的管理。所以，他进一步想如何面对才能更好更快地解决问题。当时很多行家用向外求的方法，扩充多个品牌。但杨钊实行向内求的方法，固本培元，把竞争力较弱的部分删去，资源集中在单一品牌上，提供最佳产品来解决问题。这道理又如应付考试，以同样的时间精神，考一科和考二十科哪一种成绩会较好？结果逢凶化吉，打了一场漂亮仗。每件事都视为是当时的因缘条件配合才能成就结果。佛教教杨钊如实观察现实状况，并帮助杨钊形成立体思维，也引领杨钊回到问题的根本，使他做出准确而有效率的决策。

五、文化特质

作为客家人，杨钊创办的旭日集团引进、融合了诸多的西方元素，如真维斯、菲尔等。但杨钊本人一心向佛，他又为企业注入了诸多东方元素。

1. 旭日文化

旭日与一般企业不同之处，在于拥有一套独特，融合东、西方优点的企业文化“旭日文化”。集团经过多年的学习与探

---

① 佚名．佛学因缘的对话（潘宗光教授与杨钊博士）［EB/OL］．http：//blog. sina. com. cn/s/blog_ 880864080100vwij. html.

索，反复实践，不断检讨，总结了赖以成功的经验。旭日集团的宗旨是“量力而为，平衡发展，不断改善”，务求做到“人无我有，人有我优，人优我转”。“旭日文化”是旭日人的处事北斗，做人的指南。

（1）优秀企业。

集团管理层认为，只有一流的企业才能在遇到风暴时安然度过，创造成绩。“优秀企业”包括“五个优秀”，分别是优秀的品牌、优秀的市场、优秀的企业文化、优秀的环境制度与优秀的员工。

（2）承诺式管理。

“承诺式管理”的意思是管理层与员工协商，订立共同的工作目标，从而分清各人的责任，共同完成任务，取得共同的效益。由于有责任在身，有承诺在心，员工们会越来越专注于组织核心业务，把时间和精力都放在最赚钱、最有潜力的业务上。“承诺式管理”的成功，有赖于观念的建立、积极主动、目标导向、狠抓落实、赏罚公平及定期检讨等方面的落实。

（3）企业社区化。

“企业社区化”是成功企业的一种模式。员工不只关心自己的工作，还会去关心他人。这种精神能为员工带来归属感，把大家凝聚在一起，共同追求更大的利益。公司的成长充满活力，大家都乐于为公司付出，彼此忠诚互信、团结协作，让每个人都觉得自己有份参与建设一家成功的企业，就像一个大家庭一样。在此种模式之下，在旭日这个企业社区中，很多骨干都具有承担感和肯吃亏、肯打拼、肯学习的精神。

2. 文化经商

旭日集团能够迅速发展取得骄人成就，与杨钊推行的一整套经营管理思想和模式密切相关。杨钊在总结管理经验时认为，其企业文化是中国优秀传统文化与西方现代工业文明有机结合的结果。从多年商场经历中，杨钊概括出完整的富有特色的“旭日企业文化”，如发展战略为“人无我有、人有我优、人优我转”；工作策略为“分轻重、随机应变、事缓则圆”；员工守则为“学习工作、学习生活”“不断学习、不断改善”等。他还强调，在每年、每月、每天、每件重要事项中，企业管理者必须坚定不移地实行“计划、落实、检讨”的管理三部曲。四十余年来，他不断重复这三部曲，年初计划，年终总结，非常透明化而且行之有法，如果步伐比计划走慢了，就要加快脚步；走错了，就要拨乱反正。此外，杨钊亦提出“勤、信、智、诚、戒、恕”六字真言，希望员工能做到勤奋、守信、有智慧、忠诚、诸恶莫作及拥有一颗仁恕之心。他鼓励员工做“存好心、说好话、做好事”的“三好”人。杨钊于1985年创办公司内刊《旭日之声》，就算再忙，他也会抽出时间，通过这份刊物向员工传授自己在学习、生活、工作和参与社会事务中积累的人生经验，著文逾300篇，并结集出版，以启迪更多的创业者。他的文章《旭日精神之三》提到，“这种人生的取向（为人群、为众生、为社会），最终会把自己融入社会、融入大自然，自己是社会的一分子，是宇宙的一部分，为他人服务中几乎可以达至‘忘我境界’，中间亦有‘我’亦有‘私’，但很快就被‘大我’和‘大公’所融化，这样，再次服务于社会、服务于人群、服务于大自然。由近至远，由亲至疏”①。

在杨钊富有特色的管理下，旭日集团于1999年被美国财经杂志《福布斯》评选为“全球300家优质中小型企业”之一，并于同年获得香港管理专业协会颁发的“1999年优质管理大奖”。

---

① 佚名．为众生　为人群　为社会——记香港旭日集团杨钊居士［EB/OL］．http：//www. foyuan. net/article－109011－1. html.

3. 情感经商

杨钊认为，企业不只是谋生的地方，也是锻炼人才的好地方。所以旭日集团希望员工将其事业视为人生成长的一部分。这样，旭日集团就有十足的理由鼓励员工热爱工作，并时刻充满活力，乐于付出，上下同心协力，构建优秀企业。而优秀企业之所以优秀，必然在品牌、市场、企业文化、工作环境、制度及人员诸方面有所反映。

“穷则独善其身，达则兼济天下”是旭日企业文化的体现。杨钊笃信，生命的意义在于“为众生，为人群，为社会”，在于让这个人生、让这个世界变得更加美丽。所以，旭日集团坚定地热衷于公益事业，回馈社会；在内地贫困地区以真维斯命名的希望小学共有 35 间。2008 年真维斯为“希望小学快活活动会”捐助 130 多万元，同年，捐资 220 万元修建 55 个贫困小学操场，为贫困小学建设贡献力气。此外，真维斯还分别斥资 1 800万元和 300 万元，设立了“真维斯大学生助学基金”和“真维斯希望教师基金”，为教育事业出一份力。面对灾情时，真维斯进行“情系四川共献爱心”赈灾捐款活动，共计捐出超过1 000 万元人民币的善款。并通过举行“大爱中华行——真维斯，真的更出色慈善歌会”活动，将慈善与娱乐相结合，呼吁更多年轻人关注慈善、奉献爱心。同时真维斯还通过开展中国“真维斯杯休闲服装设计大赛”这一活动，给年轻人提供一个展现潜能、互相交换、汲取经验的平台。以体现社会价值为核心的品牌理念已深深牵动每位真维斯顾客。真维斯是一个健康向上的服饰品牌，更是一种积极乐观的生活态度。

4. 一心向佛①

杨钊是 1981 年开始学佛的。30 余年来，杨钊一直坚持素

① 觉之路. 商人信佛，幸福在哪里[EB/OL]. http://www.360doc.com/content/11/0920/01/7753681_149644074.shtml.

食，不沾烟酒，每天打坐一两个小时，以净化心灵。很多人认为事业成功就代表着人生成功，但在杨钊眼里，事业成功只说明人生成功了一半。事业成功纵然能带来名利和社会地位，但那些都是物质财富。而健康、家庭、快乐等精神财富，是无法用金钱和名利换取的。因为年轻时的勤奋努力和经营有道，杨钊二十多岁时就拥有了近两亿资产，拥有了足以受用一生的财富。然而，“春风得意马蹄疾”与“一览众山小”并未使杨钊满足，对人生旅途的迷惘感随之而来。

人生在世是否仅为三餐一宿的温饱生活？若是继续赚更多的财富，求取更大的名利，又有几多名利能够真正用于自身？忙来忙去，劳心劳力的目的是什么……杨钊陷入长久的思考之中。他试图从身边的亲友处寻求答案。亲友答不出来，于是就发起公开讨论。虽然讨论很热烈，但大家的答案无非就是发财了可以去环游世界，买漂亮房子、汽车，尽情享受人生等，这些答案都不能让杨钊满意。杨钊回家探望父亲，遇到了虔诚向佛的堂叔。堂叔送给他两本阐论佛教教义的专著——冯达庵所著的《佛法真面目》与《佛法要论》。用心阅读后，杨钊从中感受到佛陀发愿普度众生的慈悲心，领悟到了要助人为善的意义。继续赚取更多的财富或许对富翁而言并不需要，但还有许多人有需要。如果可以更好地利用金钱去帮助有需要的人，那必是一件善事。杨钊认为，既然自己有助人的能力，何不以己之力帮助别人？为此，他苦读佛典。随着对佛家思想、精神的认识及体会的加深，杨钊将度人向善、助人即助己视为人生信仰，并不断付诸实践。佛学让杨钊找到了生命的归宿，他把佛学运用到生活、工作和企业管理之中，把“为国、为民、为社会”作为毕生的追求。

杨钊说，人生有两种财富：一是物质财富，二是精神财富，前者让人有名利、有地位，后者让人身体健康、家庭幸福、没烦恼。人若要活得安乐，必须兼具精神和物质财富，失其一必无法平衡。为了让自己的两种财富都得到平衡，杨钊不断钻研佛法、儒学并培养阅读的习惯，努力学习新知识。“人生的追求不应有终点，而是通过不断创造、改善，为生命增添新的力量。”① 杨钊将感悟到的人生真谛同样融入企业的发展战略之中，旭日集团能够迅速发展并取得骄人的成就，与他所推行的一整套糅合中国优秀传统文化与西方现代工业文明的经营管理思想和模式密不可分。杨钊认为，可以将西方科技和东方智慧结合起来解决人类物质和精神两大问题。是因为西方科技可以促进事业成功，创造物质财富；而东方智慧包括佛学，通过引进企业文化中可以创造精神财富，让物质和精神达到和谐统一。

受佛学影响，杨钊深居简出、淡泊名利、不尚虚名。读书占据他生活中的许多时间，进行有关人生、为人处世、经商办企的哲思是他的钟爱，并提出许多独到的见解。杨钊把多年从商场经历中总结出来的关于分析和处理问题的方法归纳为“旭日三招”：分轻重、随机应变及事缓则圆。第一要分析问题，然后按重、轻、紧、缓的顺序去解决问题；第二，要因时、因地、因人做出相应的对策；第三，若条件欠佳，待时机成熟再予实施，则事半功倍。佛法讲究信、解、行、证。杨钊常说：“人需要保持四个‘心’，即爱心、同情心、布施心、随喜心。”他认为，企业家首先把自己、员工、企业管好，这是最大的善事。旭日集团对员工呵护备至，为其提供良好的生活场所、学习场所和发挥才智的环境并竭力做到令顾客、员工、投资人满意。慈善并不遥远，是从脚下开始每天都要做的事情。

---

① 张少洲．杨钊博士与旭日东升的事业［J］．中国外资，1995（4）：21－23.

5. 广告掠影

我们可以从真维斯服饰公司的广告词来管窥杨钊的“真”的文化特质。

（1）真的，更精彩。

（2）这里有一群年轻人，对生活对理想的真态度，这里有真我的热力绽放，更有一段段的真情流露。真态度，真情，真我。真的，更精彩。

（3）为什么不真一点呢？投入真一点的感觉，活出真一点的品位，分享真一点的态度。真的，更精彩，真维斯。

（4）为什么不真一点呢？用真诚的心去聆听，用率真的方式去体验，用纯真的眼光去发现，放开真一点的自己，分享真一点的心跳。真的，更精彩，真维斯。

（5）只要真心真情，我们一定能赢。

（6）全国一心，梦想成真。真维斯。

（7）感觉无限真维斯。

（8）有心，就有翼。飞吧。

（9）如果我可以走远一点，如果我可以看远一点，如果我可以投入一点，如果我可以尝试多一点，如果无须想太多，有心就有翼——真维斯。

（10）如果我可以放下所有包袱，如果我可以放开自己，如果我可以不介意别人眼光，如果我可以随心所欲，如果无须想太多，有心就有翼，真维斯。

（11）真维斯，真的很精彩。

（12）真情，真意，真维斯；真情，真我，真维斯；真情，真爱，真维斯。

吴德芳

“珠宝大王”

吴德芳

一、个人简介

二、创富过程

三、代表企业

四、商道分享

五、文化特质

一、个人简介

（一）个人档案

中文名：吴德芳
出生时间：1937 年 8 月 7 日
籍贯地：广东梅县程江镇
职位：马来西亚多美金钻珠宝机构有限公司董事局主席
家人：父亲吴维能，母亲熊义妹；有四位哥哥和五位姐姐，他排行最小；有两个儿子和两个女儿
座右铭：诚信、刚毅、进取、勤朴、惜福

（二）素描

吴德芳，于 1937 年 8 月 7 日出生在马来西亚马六甲州，祖籍广东梅县程江镇。现任马来西亚多美金钻珠宝机构有限公司董事局主席。吴德芳还担任了三个最具代表性的华团最高领

导职位，即华总[①]会长（1994—1998），现任永久名誉会长；客联会[②]会长（1997—1998、2003—2009），现任永远荣誉会长，以及七大乡团协调委员会[③]主席（2006—2008）。吴德芳的其他任职包括马来西亚金钻珠宝商公会联合总会原任会长，现任顾问，任职期间，他发起设立马金商联总贵金属验证局，通过验证确保黄金首饰产品符合国际标准；还任吉隆坡暨雪兰莪中华工商总会原任副总会长，现任顾问等。吴德芳以传承和弘扬中华文化、客家文化而著称。1997 年，吴德芳被马来西亚政府封为“拿督”。2008 年，吴德芳被马来西亚最高元首封赐“丹斯里”（皇室将领荣誉勋章）。吴德芳白手起家，建立了从提炼黄金、生产金饰、工厂代工（来料加工）、金饰设计到批发、门市零售“一站式”经营的“金饰王国”，年营业额达 1.5 亿令吉[④]（折合人民币约 2.5 亿元）。

（三）荣誉

（1）1990 年，荣获母校成功大学颁发的“校友杰出成就奖”。

（2）1994 年，荣膺马来西亚最高元首封赐 K. M. N.（护国武士勋章）勋衔。

（3）1997 年，荣膺马六甲州元首封赐拿督勋衔

① 马来西亚中华大会堂总会（华总）是马来西亚各种性质的华人社团的总机构。

② 客联会是马来西亚 74 个客家社团的总会。

③ 七大乡团协调委员会是由马来西亚七种方言群的社团总会（福联会、广联会、客联会、潮联会、海南联会、广西总会和三江总会）所组成。

④ Ringgit Malaysia，马来西亚货币，依中国银行 2016 年 8 月 3 日公布的汇率，1 令吉 = 1.634 7 元人民币。

（D. M. S. M）。

（4）1997 年，荣膺台湾“教育部”颁发的“二等教育文化奖章”。

（5）1997 年，受中国政府邀请出席见证香港回归交接仪式的历史盛典。

（6）2004 年，荣获“全球高峰风云人物金爵奖”。

（7）2008 年，受邀出席中国人民政治协商第十届广东省委员会会议和广东省第十一届人民代表大会第一次会议。

（8）2008 年，荣获“卓越成就白金奖”。

（9）2008 年，受邀出席台湾领导人马英九、萧万长就职典礼。

（10）2008 年，被中国云南财经大学聘请为名誉教授。

（11）2008 年，荣膺马来西亚最高元首封赐丹斯里勋衔。

（12）2008 年，受邀出席北京奥运会闭幕式。

（13）2009 年，受邀出席北京庆祝中华人民共和国成立 60 周年庆典及国宴。

（14）2010 年，受邀出席上海世博会。

（15）2010 年，受聘为广东省海外交流会第五届理事会（2010—2014）海外副会长。

（16）2010 年，受邀出席广东省第 16 届亚洲运动会开幕仪式。

（17）2010 年，被马来西亚第一期的《亚洲资本》（*CAPITAL ASIA*）杂志评为“一代儒商”。

（18）2008—2013 年，受聘担任台湾侨务委员会咨询委员。

（19）2011—2013 年，受聘担任“台湾行政院”客家委员会咨询委员。

（20）2011 年，受邀出席百年薪传——檀香山全球圣火首燃大会。

（21）2011 年，荣获台湾侨务委员会颁发的“一等华光专业奖章”，也是全球第七位获颁该奖的杰出人士。

（22）2014 年 12 月 18 日，荣获“中马友谊纪念章”。

二、创富过程

吴德芳在家中排行最小，上有四位哥哥和五位姐姐。吴德芳的父亲在他四岁的时候即离世，母亲熊义妹务农将他们抚养成人。吴德芳的母亲是一位贤能伟大的客家妇女。她为了下一代摆脱贫困而不分昼夜辛劳地工作。她深信穷人欲翻身一定要接受良好的教育，并教导孩子做人要有骨气，要力争上游。母亲的教诲影响了吴德芳的一生。

由于家境贫寒，吴德芳年纪小小就要开始协助母亲养家以维持家计。在逆境中成长的他，常常记得母亲的叮咛：再穷也不能穷教育。吴德芳在半工半读的情况下在马六甲完成小学和初中教育。在三哥的协助下到新加坡中正中学完成高中，而吴母在他念高一的时候与世长辞。高中毕业后，吴德芳在马六甲牙列小学任教一年，后在哥哥的鼓励下，在 1962 年负笈台湾，在成功大学修读化学。回马来西亚后，在建筑商公会任执行秘书。吴德芳与夫人颜素华有两男两女。颜素华毕业于台湾师范大学，曾担任 18 年的中学教员。四位儿女皆留学美国，现任多美集团执行董事。

吴德芳的三哥是一名打金匠，他为了改变家庭未来的命运以及摆脱困苦的环境，选择出来创业，设立小型公司进行承包制，后发展成为小型批发商。创业初期，因资金有限，无法聘请行政人员而希望吴德芳协助，吴德芳毅然接受。四年后，公司业务步入正轨。吴德芳在不影响三哥生意的情况下，征得其同意后于 1968 年以 5 000 马币创设了多美来料加工首饰厂。

三、代表企业

（一）多美集团

“多美”，名字取意“多么美丽”，追求的不仅仅是一个集团的名字，更是一个精品的标志以及完美的品牌。

多美集团（TOMEI GROUP）1968 年创立于马来西亚，目前已成为马来西亚境内数一数二的金饰珠宝首要制造商、批发商及零售商，是马来西亚第一家获得英国颁发“超级品牌”的金钻珠宝店。

总部所在地	马来西亚
成立时间	1968 年
行业	金饰珠宝制造及销售
英文名	TOMEI GROUP
多美目标	优质的产品，创新的设计 卓越的服务，杰出的企业

（二）大事记

1989 年，成立多美金钻珠宝制造私人有限公司（Tomei

Gold & Jewellery Manufacturing Sdn Bhd)。

1998 年，多美集团与其商业伙伴尤金（Eugen Schofer Gmbh & Co）合作，尤金是欧洲最大的金银业制造商，同年，多美成功生产出自己的白金首饰。

2002 年，多美集团创立 My Diamond 时尚珠宝店以配合现代年轻人市场的需求，专注于时尚白金和钻石产品。

2003 年，多美集团创立 T. H. Jewelry 豪华时尚珠宝店，以展销高贵典雅的金钻珠宝为主。

2006 年，多美集团成功于马来西亚证券交易所（Bursa Malaysia Securiries Berhad）第二版市场上市为股票交易公司。

2007 年，多美集团在马来西亚证券交易所成功转移为主板市场上市的股票交易公司。

2007 年，成功收购国际钻界知名品牌 Le Lumiere—（八心八箭）钻石之光。

2008 年，多美进军中国市场，在中国西安开设了第一家零售分店，至今已达 7 家（之后以马来西亚百盛商业集团在中国开设的百盛商场门店为主要依托，布局其在华零售分店并进行动态调整）。

2011 年，成功收购钻界知名婚戒品牌 Goldheart 并重新推出全新婚钻系列。

2012 年，多美集团成功获得国际钻界知名品牌 De Beers 于马来西亚的特许经营权。

多美集团在越南当地拥有 5 家坐落于各购物商场内的零售分店和 1 家多美零售分店。

（三）产品系列

婚姻珠宝
珠宝名著
创意品牌
Le Lumiere 钻石
加拿大枫叶金币
Prima Gold 匹玛纯金
Batar Jewellery 百泰首饰
Gold Bar
宝贝乐一通系列饰品

（四）董事局

Tan Sri Datuk Ng Teck Fong Group Executive Chairman（丹斯里拿督吴德芳）
Datin Nanadiah Binti Abdullah Independ Non – executive Director（拿汀诺纳狄亚）
Raja Dato'Seri Aman Bin Raja Haji Ahmad Independent Non – executive Director（拉惹拿督斯里阿曼）
Datuk Ng Yih Pyng Group Managing Director（拿督吴逸平）
Datin Choong Chow Mooi Group Executive Director（拿汀钟昭梅）
M Chareon Sae Tang @ Tan Whye Aun Independent Non – executive Director（邓律师）
Lau Tiang Hua Independent Non – executive Director（刘展华）
Ng Yih Chen Group Executive Director（吴逸琛）
Ng Sheau Chyn Group Executive Director（吴晓勤）
Ng Sheau Yuen Group Executive Director（吴晓筠）

四、商道分享

吴德芳从一个打金匠到现在掌管58家分行的多美金钻珠宝机构有限公司的“珠宝大王”，其成功不是偶然的。他始终秉持客家人的“诚信”理念。对吴德芳来说，“诚信”就是要做到产品品质第一、服务第一，并且让客户感觉到他们所选购的物品都物有所值，金饰是保值增值的物品，不会因时间的流逝而贬值。在服务上，多美集团强调顾客上门购物，当然要给予良好的服务态度。

（一）创新引领

吴德芳的“创新”就是通过更新颖的设计，生产更符合各阶层、各民族口味的产品，攻占更广大的市场。多美的金饰设计属多元化，并无偏向任何族群的喜好。而在每个月都会推出时尚新颖的金饰款式，让消费者有更多的选择。为了与时代并进，吴德芳研究年轻女性的喜好，在2002年推出以白金和钻石珠宝系列为卖点且价格大众化的 My Diamond 以配合现代年轻消费者市场的需求。2003年，多美集团则创立了 T. H. Jewelry 以展销高贵典雅的金钻珠宝为主提供高品质的选择。

1. 业态创新

吴德芳在成立多美金钻珠宝机构有限公司以来，创立了几个“第一”：首家在购物中心开设金钻门市；首家采用电脑化管理系统；首家“一站式”金钻珠宝公司；首家采用网上售卖珠宝的公司。这几个“第一”，证明了吴德芳极具商业头脑。当年在购物中心购买店面进行金铺营业让人觉得他“脑袋有问题”。事隔多年，他这种前卫的做法虽然没有改变全世界，但在马来西亚当地的金饰珠宝业，却开了先河。

至2016年年底为止，多美集团旗下的品牌在全马来西亚各地已有数十家分店，在经济不景气的今日，吴德芳并不打算在本地再增加分行，反而更脚踏实地地为顾客生产更精致有质感的金饰珠宝。因此，为了确保更专业的销售人员及为广大的珠宝爱好者及收藏家提供成为宝石鉴赏家的平台，吴德芳创立了绿洲国际学院以打造专业宝石鉴赏师，圆诸多爱好者想成为宝石鉴赏家的梦。

2. 信义创新

在事业稍起步时，吴德芳创立的公司规模还小，在当时大型公司林立的市场中只是一个小小的代加工厂，与规模较大的公司硬碰是不实际的，但这并没有阻碍吴德芳珠宝帝国的建立。吴德芳积极寻求市场空缺，首先从批发产品入手，看准市场，他把打制的金饰批发给小市镇以及店面不大的金铺——这些都是规模较大的批发商留下的市场“空缺”。TOMEI以罗马拼音的形式出现，就是要让不同种族的人都接受这个牌子。吴德芳不忘积极开拓华人以外的潜在市场，在马来西亚的华（华人）、巫（马来人）、印（印度人）的节日与婚期都不同，这潜在的资源给吴德芳带来了无限的商机。

珠宝是保值增值的物品，吴德芳在品质上力求达到国际标准水平，即达到黄金纯度916（22k）的品质。吴德芳更具创造性地在销售出去的珠宝上打上字轨（Hallmark）“义”，以便与其他黄金纯度不够的珠宝区分开来，这当然无形中成了吴德芳的“活广告”，只要有“义”字标志的金饰就是品质的保证。在珠宝行业乃至坊间，公司“信义创新”的名声就逐渐积累起来了。最后，在设计上，因潜在的华人市场潜力巨大，吴德芳在华人喜爱的款式基础上进行多样化创新，这与马来西亚各民族喜爱黄金是分不开的，单调的设计款式只会限制市场的扩张。就这样，吴德芳创立的公司品牌逐渐在市场上传播开来。

3. 经商相对论

吴德芳的生意经，充满辩证主义色彩——没有绝对的是或否，只有相对的优或劣。他认为做生意不是一朝一夕的事，免不了遇到挫折。当挨过了过渡时期，要看看自己如何吸取经验，以重新出发。只要不是孤注一掷，即使是跌倒了，也不会很痛，也比较容易翻身。有关经商理念，吴德芳睿智地提出：容易受热就容易冷，也就是说，热得快的冷得也快，客家人做生意，跑得虽然慢，但是很踏实。吴德芳做多美也是一样，这好比建房子，地基要做好，地基做好了，房子就很坚实。

（1）起落沉浮，贵在坚持①。

吴德芳的创业之路几经坎坷。创业之初苦心经营，生意刚有起色，四个合伙人却因两人挪用公款赌博而散伙。1970 年开设“金马”金铺，生意兴隆之际，店铺却被 1976 年的一场大火烧毁，损失惨重，停业一年。1983 年，在“金马”“金河”两家分店的合股人跳槽至批发商处，同时也带走了“金河”多美分店的全体员工，另起炉灶，让企业濒临崩溃的边缘。

面对创业中的艰难处境，吴德芳坦言，之前的推销工作为其建立了广泛的人脉关系，这为后来独自创业打下了坚实的基础。在与三哥合作四年之后，吴德芳的事业已有一定基础，生意渐渐上了轨道，因此征得三哥同意后，吴德芳自己出来另立门户，起初是开承包金饰加工、设计一类的工厂。因为这一行不需要较大的资本，主要靠行业人士的支持，因此慢慢做成了小批发商。1968 年创业之初，吴德芳与三位朋友以 5 000 令吉

① 廖业强．吴德芳：从金钻业的“门外汉”到“老行尊”［EB/OL］．http：//www．kejialianmeng．com/portal．php？aid＝6927&mod＝view．

的资本，设立了“多美承包金饰工厂”，从事低成本的打金承包业务，工人也只有四位。两年后，与朋友合作，开拓金饰批发的生意，经过三年的刻苦打拼，吴德芳成为吉隆坡和雪兰莪小有名气的铸金商。之后吴德芳将业务延伸至零售，先是在吉隆坡第一家购物中心——金马购物中心买下两个店面，开设第一家多美金钻行；后又在金河购物中心开设另一家金钻行。

（2）异军突起，眼光独到。

吴德芳的创业历程稳扎稳打，但这并不意味着他保守。刚开始的时候，多美是以创新设计和生产黄金首饰批发给本地的金店，后来扩展到零售业，设立门市部。在 20 世纪 70 年代初，吉隆坡出现了第一间购物商场。当时金铺都设在街道两旁的店铺，唯吴德芳独排众议，在购物商场并设金钻门市。起初，其他业者抱着观望的态度。但是，后续发展证明了吴德芳的先见之明，不久之后马来西亚各大购物商场均设立了金钻铺。

（3）世态炎凉，冷暖自知。

1976 年 4 月 7 日晚上，吉隆坡金马多美分店失火。在火势持续 19 个小时的毁灭性事故中，吴德芳的金马金铺被烧，职员失业，不仅损失惨重还被迫停业一年。但是，吴德芳没有被击垮。一年多后，他在金马购物中心附近第一购物中心重开金铺，重聘因金马购物中心失火而失业的职员。不但如此，他还发给他们一年多的薪金。正是因为信誉和忠诚，使吴德芳在面对严厉的打击时，也能够安然度过。1983 年，吴德芳的两家金铺的大多数股东和员工被一位有业务往来的批发商挖走另开金铺。这些人当中不乏十几二十年的初中同学或事业合伙人，这些人都是他一手栽培出来的。这种交情说变就变，令他感慨万千。这些合作伙伴的离去，使吴德芳的情绪顿时陷入了低谷，精神处于崩溃的边缘。幸好有家人的精神支撑，以及一些供应商的不离不弃，吴德芳才能收拾心情，毅然面对逆境。在这件事后吴德芳立即放弃在金马店的股权和管理权，转向金河广场多美业务，因大部分培养出来的人才被挖走了，吴德芳的太太颜素华不得不放弃在马来西亚艺术学院任教的工作，在事业上帮助吴德芳，协助丈夫管理财务和业务。虽然挫折不断，但鉴于过往十多年的信誉，一些有过交往的供应商并没有背离他。相反，他们在吴德芳低潮的时候发挥了作用，大力支持吴德芳。这使多美在1986年慢慢转亏为盈，并渐入佳境。

五、文化特质

吴德芳从一位协助哥哥的打金匠，经过四十多年的打拼和奋斗，升级为大马珠宝权贵。同时吴德芳也担任吴德芳机构有限公司、吴德芳置业有限公司、光明微型贷款有限公司、光明贸易有限公司、绿洲产业有限公司、绿洲国际学院及绿洲海洋生物科技有限公司董事会主席等职位。作为客家人，吴德芳认为：没有根的民族很容易被时间的洪流冲走，散居在世界各地的客家人就是因为不忘根、不忘本，才在寄居地顽强地开枝散叶。

（一）浓厚乡情，钟爱客家

客家人是马来西亚华裔中的第二大族群，客家文化是中华传统文化的一个重要组成部分。吴德芳作为马来西亚客联会会长兼隆雪[①]客家总会会长，发起和推动的“第一届客家文化节”于2004年9月18日至11月6日举行。按照计划，客家文化节每年举行一次，由客联会倡导，不同州属的客家社团轮流主办，以继续发扬及保存客家和中华文化。2000年11月，

---

① 隆雪即吉隆坡、雪兰莪之合称。

吴德芳率马来西亚客联会代表团参加在福建龙岩召开的世界客属第十六届恳亲大会之后，和部分团员来到梅州。在参观梅州市华侨博物馆发现尚无马来西亚展厅时，他当即向博物馆负责人做出承诺，由马来西亚客联会负责，在一年内筹办好马来西亚展厅。当下他就捐出4.5万令吉作为基金，回去后成立了工委会，展开筹款和文物资料收集工作。2001年12月9日，华侨博物馆马来西亚展厅举行了开幕礼。之后，由吴德芳推动建设的“马来西亚客家文物馆”，也于2004年8月26日在马来西亚槟城正式建成。吴德芳强调，提倡客家文化节并非搞个人文化主义或族群文化主义，而是张扬母语文化，向下一代灌输不要忘记自己的“根”。吴德芳在2011年将私人收藏的300余件珍贵文物捐献给广东省华侨博物馆供展出。

吴德芳喜欢客家美食，比如味酵粄、炸芋丸、红焖肉、“毕”猪脚等。他最喜欢吃味酵粄、炸芋丸、腌粉腌面，每次到梅州都必吃。吴德芳和太太曾经带大儿子全家回乡寻根，并因此感到家乡的浓浓深情，表示以后会加强与家乡的联系。吴德芳积极参与家乡的各项公益事业建设，捐资修桥、修路。他很重视培养华裔后代的家乡情结，出资组织客籍儿童回乡接受客家传统文化教育，组织寻根团访问故里。2015年，吴德芳经广东省梅州市外事侨务局、《梅州日报》社等有关部门的协助，仅凭几帧老照片及非常有限的信息，就为马来西亚上议员、马来西亚马华青年团总团长张盛闻先生寻得了梅县白渡嵩山村的亲人，备受各界褒扬。

（二）传承华文，异域通行

吴德芳对华人文化有“饮水思源”的感情。他认为，华商应该摒弃纯为“在商言商”的陈旧观念。商人除了注重赚钱之外，还应该出钱出力照顾本身的文化。吴德芳积极参与推广马来西亚的华文教育，使华语成为该国通用语言，成为全球华教的样板。吴德芳所发起或领导的文化活动，横跨多个领域，包括书法、绘画、舞蹈、金石篆刻、文学创作、辩论会、国际思想研讨会、文化节等。

2006 年，吴德芳成立金额超过百万令吉的“吴德芳基金”，为企业界典范。该基金分别提供奖学金和贷学金给文化界，协助华文报界员工子女、华校教职员子女、留台生以及多美机构子女和社会上品学兼优的清寒学子完成学业，回馈社会。2010 年，吴德芳捐赠 20 万令吉赞助“马来西亚华文报刊编辑人协会”设立“丹斯里拿督吴德芳新闻报道奖”。另设“多美公益慈善基金”，每年向有需要的弱势群体和不幸人士提供援助。

"毛衫大王"

吴惠权

一、个人简介

二、创富过程

三、代表企业

四、商道分享

五、文化特质

一、个人简介

（一）个人档案

中文名：吴惠权

出生地：广东省龙川县新田镇

出生时间：1956 年

职业：香港福新国际集团董事长

主要成就：2001 年被河源市政府授予“荣誉市民”称号；2007 年被评为“粤港澳投资风云人物”和“南粤慈善之星”；2009 年荣获“世界杰出华人奖”“美国加州国际大学荣誉博士”“十大中华经济英才奖”

（二）素描

1956 年，吴惠权出生于广东省龙川县新田镇一个贫穷的农民家庭。当时，家里穷得常常连饭都吃不上，他只上了四年半的学，就因为家境太过贫穷而辍学。极其艰难的生活环境，使少年时期的吴惠权更为勤劳、善良和朴实。他有兄弟姐妹共 8 人，童年时代正是全国人民吃饭最困难的时期，这样的农村家庭所过的饥寒交迫的生活绝对是现代人所难以想象的。但贫穷、寒冷与饥饿并非吴惠权痛苦的根源。他的痛苦是那一代人共同的遭遇，也是整个中华民族的灾难。“文革”时期，吴惠权的父亲吴达开受到批斗，后试图服毒自杀，经过医院抢救，保全了性命，却从此成为植物人。吴惠权也饱尝各种艰辛困苦。吴惠权称那是自己“人不人鬼不鬼”的日子。为了身处苦难中的父母，为了少不更事的弟妹们，吴惠权不能倒下，不能轻言放弃，更加不能死。凭借着这样的一股信念，吴惠权每一次都挺过来了。

“文革”结束后，肯吃苦的吴惠权展现了脑子灵活的优势，他充分施展自己的才华，人生很快就有了转机，并成为当地的知名人物。谁都不会开的拖拉机，他会开；谁都没有抽过的过滤嘴香烟，他能搞到手。起初，人们把这些当成是“投机倒把”，但随着改革开放政策的逐步实施，大家慢慢觉得这是他的能力。十一届三中全会后，一个偶然的机会，吴惠权听说有海外关系的人可以通过正当的申请渠道去国外或香港、澳门。思维活络，且早就想到外面闯一闯的他，决定外出闯荡搏一搏。他的想法得到一些城里朋友的支持，但在家乡的小山村却招致极大的非议。在文件审批过程中，遇到了诸多的刁难。冷嘲热讽的乡邻根本无法改变意志坚强的吴惠权，他不断地努力尝试着。终于，在 1979 年 1 月 8 日，吴惠权依托香港的堂叔吴良德的关系打通了去香港的道路。一番艰苦辛酸后，吴惠权开启了他的创业之路。经过 20 年的奋斗，吴惠权成功了！但成为富商的他没有忘记生他养他的土地，也没有因为那段不堪回首的历史而厌恶痛恨他的家乡。他为家乡河源的建设做出了杰出的贡献，并投身于家乡的公益事业。

从 1992 年捐建双柳小学起，吴惠权回报社会的捐赠便未曾停歇。他的捐赠涉及教育卫生、文化体育、路桥建设、扶危济困、抢险救灾、公安基金、慈善基金等方方面面。据不完全统计，吴惠权已为社会公益事业捐款超过1亿元人民币。对于双柳小学权城教学大楼、吴达开福利院、车田大辇小学、新田镇村道、龙川赤新公路、河源市体育馆、吴达开残疾人康复中心、河源职业技术学院、龙川一中新校、河源市美术馆、河源“6·20”水灾、河源市人民医院新院、龙川县人民医院新院、龙川体育公园、四川汶川地震灾区等，吴惠权都慷慨解囊、积极捐款。2002年，为支持河源招商引资工作，吴惠权毅然投资6亿港元在河源市区兴建了一个规模宏大的福新工业园，助力解决2万人就业。

教育是吴惠权极为重视的。他在家乡建起了五所希望小学，支持了四所中学的建设。2003年，他就为河源职业技术学院捐赠500万元人民币，为市重点中学龙川一中捐赠500万元人民币。他为家乡的教育捐赠高达3 000多万元人民币。2003年开始，凡考入清华大学、北京大学和中国科技大学的河源籍优秀学子，不论贫富，不论人数多少，吴惠权都奖励他们每人1万元人民币。对所在学校，按考取人数，一名奖励1万元人民币。每年他还扶持5名贫困学子上大学，直至毕业。仅奖学金方面，即已发放高达200余万元人民币。吴惠权对教育的付出绝不止于金钱，他关心学生是久负盛名的。每次去北京，吴惠权都要请在清华、北大两所重点大学就读的他所资助的学子一起吃饭，了解他们的学习和生活情况，给他们慈父般的关爱，并表示今后有困难尽管找他。

二、创富过程

背井离乡孤身在外闯荡的吴惠权在香港创造了一个创业者的奇迹。他火箭般的攀升速度令人咂舌，他的聚财能力丝毫不亚于他的吃苦能力。

（一）港岛蹉跎，蓄势待发

初到香港，农民出身的吴惠权对资本主义和市场经济一窍不通。加之语言不通，吴惠权面临从未有过的挑战。但吴惠权似乎已经习惯了在挑战下生活——都是在死亡线上走过来的人了，还有什么好畏惧的呢？

在堂叔的帮助下，吴惠权很快找到一份工作——在一家牛仔服装厂做杂工，每月工资为 500 港元。彼时的 500 港元对吴惠权这样一个初到港岛的内地人而言，可以说是天文数字，他也终于可以自己掌握命运了。吴惠权非常珍惜这个来之不易的机会，工作非常卖力。来到香港的第二年，他就跳槽到另外一家工厂，从洗衫工升格为管理缝盘、挑撞、外发等工作的多面手。工资也一路抬升，最高时，涨到每个月 2 700 港元。

（二）醒悟陆生，厚积薄发[①]

在新厂里，吴惠权的精神层面逐渐升华，改变了此前只埋头做事的习惯，学会了抬头看世界。远离了之前那种面朝黄土背朝天的农民生活，成为工薪阶层，这起初让吴惠权很满足——他只想做一个勤恳敬业、按部就班的打工仔，解决温饱之余适当接济家庭即可。此外，他没有考虑过更高的追求。一次，老板让吴惠权把样品送给一位开奔驰车的客户，吴惠权问老板，如何鉴别奔驰车？老板拿过一张纸，画了一个标志，往他面前一丢，说："大陆仔，这就是奔驰。""大陆仔"的字眼深深地刺伤了吴惠权的心。又有一次，吴惠权追求一个香港女孩，也因为"大陆仔"的身份被拒绝了。这时，吴惠权猛然

① 毕亚军. 创业海外、根回故里［EB/OL］. http：//www. hsmrt. com/wuhuiquan/1372. html.

醒悟：不能再浑浑噩噩混日子，一定要干一番事业，做一个有出息的人！不生气，要争气！①

从那时起，吴惠权开始注重观察与思考；开始为未来打算，多接触外界信息。一个偶然的机会，让他再次擢升。吴惠权知道自己书读得不多，知识有限，这对前途不利，所以拿出许多的时间看书看报，以了解最新的信息。一天，他在报纸上看到一个招聘广告：利士工厂招聘厂长，需要两年以上毛衫织造经验，年龄 50 岁以下……经过努力，尤其是凭借一句“如果我做不好，你可以不发或少发工资给我”的承诺，吴惠权，这个到香港仅三年半时间的“大陆仔”，成为纺织厂厂长——一个很多人一生都难以企及的位置。

（三）有舍有得，弯道超车

做利士工厂厂长之前，吴惠权的月薪已达 2 700 港元，但做了厂长之后，却只有 2 300 港元。这是吴惠权的过人之处。他坚信一个信条——做人不要怕吃亏。虽然工资少了，但厂长职位所接触的事务、人物都很不同，更有利于个人的发展，无疑是一个很好的锻炼提升的机会，这远比眼前的一点得失重要。吴惠权的才华再次得到展示与提升。一家新创的公司找到吴惠权，邀请他担任厂长，打理该企业。工作愈发得心应手的吴惠权欣然应允。这家工厂的名字叫“福新”——就是在这里，吴惠权的人生由量变转化为质变。1984 年中英关于香港问题的联合声明签署后，不少港人，尤其是一些政要、商贾，因担心香港回归后财产会被“共产”，对“九七”后的香港失去了信心，纷纷变卖工厂、商铺，移民到国外。而来自内地，

---

① 佚名．为改变命运远走他乡　凭勤劳智慧改写人生[EB/OL]．http：//www. huashangtaolue. com/wuhuiquan/column/3242/.

立志在香港创业的吴惠权，对香港的前途充满信心。通过多番磋商，他筹得资金，购入工厂40%的股权。1986年1月1日，吴惠权正式与两个老板合股。从此，到香港仅6年时间的吴惠权实现了创业者第一个梦想——终止打工生涯，自己做老板。

成为股东之后，吴惠权扩大生产规模，福新集团步步登高。1988年，吴惠权与一位韩姓港商合作，投资300余万港元在广州增龙镇开办了一个来料加工厂——福龙毛织厂。第二年，福新集团的两个股东希望将剩余的股权全部转让给吴惠权，于是吴惠权顺势购入工厂剩余的60%的股份。全资控股福新之后，本就具有长远战略眼光的吴惠权开始谋划内地改革开放为香港劳动密集型企业带来的新机遇——这是他期待已久的时刻。内地日趋完善的投资政策与环境，密集低廉的劳动力资源与广阔的销售市场，促使吴惠权决定进一步增资扩产，扩大生产和市场区域，并开始在内地大规模投资兴业。

（四）大事记

1989年6月，吴惠权在增城建起了一家规模宏大、设备先进和管理完善的独资企业。

1993年10月，吴惠权在增城新塘投资1 200万元人民币兴建福华毛织有限公司，专造一针及五针各类时尚毛衫项目。随后，他又兴建了一间颇具规模的增城福星洗染有限公司，发展漂染毛线及毛衫生产项目，解决了当地劳动就业问题，带动了经济发展。在香港和内地投资的巨大成功，不仅证明了吴惠权具有驾驭全局和洞察时势的战略眼光，也展现了其过人的智慧与韬略。

1996年，吴惠权的海外投资又有了突破性进展。他在澳大利亚悉尼市投资6 000余万港元，兴办了一间毛织厂，内有220多台机器，均配有电脑、自动化程度较高的现代设备，生产高技术含量的毛织品。

1997年香港回归，适逢福新年度效益极佳。不出吴惠权所料，香港的回归，不仅没有影响福新的经营，反而使其事业蒸蒸日上。此时，福新集团“立足香港，辐射内地、走向世界”的宏伟蓝图已悄然绘就。吴惠权决心让福新集团更进一步，真正地走向世界。

1998年，吴惠权趁热打铁，在英国纽卡斯尔投资5 000余万港元兴建了一间毛织厂。因其产品科技含量高、质量优良，远销世界各地，经常供不应求。

2002年，吴惠权回家乡河源考察投资环境。当他知悉2003年年底河源将开通高速公路（惠河高速公路）的消息后，此前仅有的一点顾虑彻底消散了。同年9月，吴惠权同有关方面正式签约，在河源投资6亿港元兴建一个大型现代化的福新工业园。

三、代表企业

香港福新国际集团，前身为创办于香港的福新毛织厂。先后在增城的镇龙、新塘、西州，还有惠州、清远、东莞、河源办起了“福”字招牌的毛纺织厂。在香港和内地均设有总部，内地总部下辖5个毛衫加工厂，1个梭织服装加工厂，并在美国设有业务代表处。集团公司独资兴建的面积达64.2公顷（近1 000亩）的福新工业园（地处广东省河源市）可容纳20 000余名员工。福新工业园的织机设备采用先进的全自动电脑织机和半自动电脑织机。集团公司下属以及配套工厂的织机加工能力在1.5万台左右。

四、商道分享

经过在港岛20年的艰辛探索，20年的勤奋打拼，吴惠权硬是带着福新跻身于坐拥十几亿资产的跨国集团行列，产品远销美国、日本、澳大利亚、加拿大、英国等地，获得了巨大的成功。

（一）以人为本，共同向前

吴惠权待人和善，总是为自己的工人考虑。早期吴惠权做厂长的时候，在做好本职工作的同时，特别注意员工之间的沟通与融洽。为了帮助同事和改善工友的伙食，吴惠权在利士工厂期间居然欠下了 3 万多元的债务。他乐于助人的一举一动得到了厂内员工的一致认可。在他前往福新毛织厂之后的几个月，利士工厂的近百名工友也陆续离职，追随吴惠权转到福新毛织厂。在这个事例中，泰勒的科学管理理论已完全站不住脚，只有梅奥的人际关系学说才能解释。如此大规模的员工迁移，且方向性非常明确，说明员工对吴惠权的拥戴是发自内心的。只有基于这种工作友谊，方可焕发出更大的力量。事实也正是如此，这些员工在吴惠权的领导下，逐渐成为福新毛织厂的中坚力量。而吴惠权本人在福新毛织厂的事务管理中，无论是安装机器、调试样品，还是生产成品、发展客户……都如鱼得水，做起事来得心应手。这些成果的取得，确实与他以人为本的工作作风分不开。

（二）勤奋做事，诚信行事

吴惠权的成功经营有三大法宝：一是勤奋，少说多做，不浪费时间于口舌之争，一勤天下无难事；二是诚信，要把信誉当成第二生命，甚至比生命更宝贵，正所谓：人无信不立；三是用人，要敢于和善于请比自己更高明的人来帮助自己。

诚信上，从厂长、经理到老板至今 30 多年了，无论是原料供应商、客户还是银行，都找不到吴惠权几十年来有任何不良信用记录。资金每个月由会计部根据电脑提示开支票寄过去，根本不用找吴惠权，对工人工资也是从不拖欠。包括做社会公益，只要答应捐款，从来说话算数，如果支票在身上，即开即兑现。

（三）高瞻远瞩，拓宽思路

吴惠权觉得高投入是双赢的办法。高投入可以创造良好的工作环境，大幅提升工作效率和产品品质。吴惠权高度重视品质建设，他抓品质建设的秘密武器就是善待员工、搞好环境。福新集团建立质量管理体系加强工厂管理，旗下工厂全部通过 ISO9000 国际质量管理认证，并且获得“重合同，守信用企业”“外经贸工作先进企业”“全国外商投资企业”“双优企业”等荣誉。从一个细节可以管窥福新对品质管理的重视：他们用来盛装原材料或成品的大架子框，均为不锈钢材质，而很多同业工厂都是铁的。一方面员工的感受不一样，另一方面铁容易锈蚀，产品受到污染也极为不利。这样的高投入在吴惠权看来，是值得的。他坚持长远投资，而不是局限于眼前利益而去一味地压缩成本。譬如，福新工业园区的地板，他坚持采用质保长达几十年的大理石地板。吴惠权认为，舒适的环境会给员工和客户带来好心情：员工会感受到老板的用心经营和重视，客户会感受到企业的尊重与认可。这样一来，他们对公司的前景自然会看好。一流的硬件设施，让吴惠权有足够的底气叫板业界的挑战。从福新工业园奠基开始，他就预判到劳动力成本上升与人民币升值的趋势。因此，高起点建立新工厂，就意味着提高竞争力。动辄 45 万～65 万元人民币的机器设备，工厂里共有 1 100 台。这种规模的生产线，让福新集团达到了全国的领先水平。此前，1 台机器的工作要 8 个人做，而在这种高度自动化的环境下，一个人可以维护 8～10 台机器。

先进的设备代表了先进的生产力，吴惠权非常明白这个道理，因而敢于大胆投入。几年时间，就将旗下工厂设备进行现代化改造，从而让福新集团可以承接同业无力承接的订单，完成别人难以完成的任务。因此，当多数同业沦陷在不知所措的大萧条中时，福新集团却加班加点，一片繁忙，甚至忙到用飞机运送设备抢时间的程度。高瞻远瞩的长远投资为吴惠权带来丰厚的回报，至今，他在内地的投资范围愈发广泛，房地产、酒店业等均有涉足，仅其物业占地的价值就翻了很多倍。

五、文化特质

吴惠权的文化教育背景很薄弱，但是他勤学善思、刚正耿直、济困爱乡，不失客家人的优良特质。

（一）心系故里，根在家乡

尽管吴惠权在家乡的童年生活不是那么美好，但他对家乡建设的鼎力支持是不曾改变的。2001 年 8 月 16 日[①]，吴惠权在深圳与河源市政府签订协议：投资 6 亿港元在河源创建河源福新工业园。从那一刻起，这位在异乡奋斗了 20 多年的游子，踏上了回归故里、报效家乡的征程。吴惠权认为，他是河源人，到河源投资，希望帮助家乡的发展，是顺理成章的事情。从经商的角度看，吴惠权做出的决定未必是最好的选择。他之前的投资地增城，在地理位置、劳动力等诸多投资环境方面较之河源要强很多。增城的党政领导为此多次

① 2001 年 8 月 16 日，吴惠权在深圳与河源市政府签订协议，是河源市政府招商引资的成果；此后，经过一年多的考察，亦有其他城市（如增城）的争夺与挽留，吴惠权于次年（2002 年）9 月正式签约。因此该时间与前文所述无冲突。

出面挽留吴惠权，希望他将这个项目落户在增城。但吴惠权婉拒了增城。

福新工业园在吴惠权心中的意义，远远超过了商业和经济的范畴。客家人衣锦还乡的心愿提示着他，福新工业园更是他的心灵家园与乐园，一个承载他一生奋斗与追求的精神园地，那是他的事业归宿与精神归宿，不是家乡之外的其他地方所能取代的。吴惠权把福新工业园作为精美的礼物献给家乡，因此，他精心地规划、布置和建设这 1 000 多亩土地，坚持高标准地规划和投入，并用心经营每一个细节，像父母对孩子一样事无巨细，呵护备至。占地 64.2 万平方米的福新工业园是一个集生产、休闲、娱乐于一体的大型现代化生产生活社区。园内设有工厂、宿舍，有可容纳数千名员工同时用餐的大食堂，以及商场、美食街、邮政所、医疗站、银行、警务室、照相馆、网吧、中小学、幼儿园、电影院、体育馆、污水处理厂等各种生活配套。一个工业园，就是一个小社会。在吴惠权的努力下，福新工业园不但成为一座花园式工厂社区，而且真正成为数万人的共同家园。吴惠权之后还会陆续把福新集团的事业搬到河源，搬到福新工业园。他直言，作为一个企业家，他非常看好河源的发展前景；作为一个河源人，他希望自己能为河源的发展出上一份力。

（二）投身慈善，以德报怨

吴惠权敢于承担，敢于奉献，甚至奉献到有人说他“傻”。他的慈善之心可以说宽广如海。街头行乞之人是屡见不鲜的，吴惠权当然无暇去论证行乞之人是否确实贫穷。但是每当接到贫困生打来的电话，诉说因为交不起学费读不成大学云云时；每当接到政府官员打来的电话，讲述某公益事业经费短缺云云，甚至接到当年嘲讽过他的乡亲们的求助时，只要对方说的是实情，只要能力足够，耿直的吴惠权只有一句话："这事，包在我身上。"吴惠权对故乡的感情是复杂的。他的童年在这里成长，吃的米、喝的水都来自于这里。虽然幼年时家庭遭受磨难，但豪迈直爽的吴惠权不计前嫌，冰释旧怨，并且赤诚地回馈家乡故里和父老乡亲。

吴惠权为人低调、不爱出风头。虽贵为亿万富豪，却没有什么老板的架子，出席公开活动时常躲在最不起眼的角落。遇到记者慕名采访，他总说自己企业不大、成就不多，没什么值得向别人炫耀的。不熟识的人或许认为他在扮酷，不喜交际，其实他是个热情、健谈、爱唱歌、爱开玩笑又感性的人。吴惠权的话匣子一打开，生意经、股票经、人情世故、天南地北，他都能谈得头头是道，偶尔为之的一两句简单的调侃，更增添了谈话间的诙谐幽默。每当讲到家人、自身的经历或别人贫困、悲惨的故事时，他又会语锋一转，眼泛泪光，令听者难免一同感伤。

（三）勤俭律己，正气修身①

生活中的吴惠权很"小气"，也很正统。他的手机用了近十年——对当下的年轻人来说几乎是不可思议的。不赌、不嫖，有了钱他就回报社会。"你回报社会，社会就回报你。要知道，贫穷不可怕，贫穷也是一种财富，怕的是没有毅力与胆量！没有书读不可怕，可怕的是自己不看书学习。"② 这是吴惠权的基本信条，也是给天下商人的忠告。

---

① 冯昶，袁少洪．世界杰出华人奖获得者吴惠权：愿为祖国发展付出［EB/OL］．http：//news. 163. com/09/1220/15/5R0517HD000120GU. html.

② 冯昶，袁少洪．世界杰出华人奖获得者吴惠权：愿为祖国发展付出［EB/OL］．http：//www. chinanews. com/hr/hr－hrjy/news/2009/12－20/2027888. shtml.

何侨生

“钢铁大王”

何侨生

一、个人简介

二、创富过程

三、代表企业

四、商道分享

五、文化特质

一、个人简介

（一）个人档案

中文名：何侨生
国籍：新加坡
出生地：马来西亚
籍贯地：广东省梅州市丰顺黄金镇上坑村
出生时间：1945 年
毕业院校：新加坡德明中学
职位：新加坡隆英私人有限公司创办人兼董事局主席
家人：夫人曾萍华，儿子何志辉
主要成就：2004 年获“梅州市荣誉市民”称号

（二）素描

何侨生 1945 年出生于马来西亚，祖籍广东省梅州市丰顺，在新加坡创业。何侨生白手起家，零基础创业，营销员出身的他，财富并非来自父祖余荫，而是全靠自身努力打拼。1967年高中毕业后，何侨生加入了瑞典STORA STEELS公司的新加坡分公司[①]，在人们对“特殊钢（Special steels）”几乎一无所知的情况下，销售特殊钢，并一直坚守，将这一极度“冷门”的行业做成了“热门”。1970年，何侨生与友人合资创办隆英私人有限公司，主营特殊钢和工具模代理销售，1975年购入STORA STEELS公司在新加坡的厂房和其他资产。隆英私人有限公司借此实现了飞跃发展，何侨生“钢铁大王”的美誉传播开来。身为海外游子，何侨生不忘祖籍国和故乡，多年来为家乡的文化、教育、医疗等社会公益事业捐巨款，为家乡经济建设斥巨资，深得国人与乡邻的称颂。2004年，何侨生荣获“梅州市荣誉市民”称号，2007年被评为“南粤慈善之星”。

（三）捐助项目

何侨生的捐助项目包括：丰顺县黄金中学、丰顺县汤坑中学、丰顺县黄金镇卫生院、丰顺县黄金镇陈南寺、丰顺县万佛园中华龙、丰顺县黄金镇侨生学校、丰顺县黄金镇自来水工程、嘉应学院行政楼、嘉应学院孔子雕像等。

二、创富过程

何侨生的创富过程，与其他客商有所不同。且不说他所运作的行业极少有客家人涉足，他非客家原居地的成长背景也将他与其他客商区别开来。

---

① 世界500强企业中最老的公司——瑞典STORA STEELS公司的分支机构；STORA STEELS公司是欧洲最大的木浆和纸业生产公司，它已经有700多年历史了，其业务从铜矿开采起步，逐步转向森林开发、炼铁、水电，再发展至造纸和化工产品制造等。

（一）创业积累，隐忍蓄力

何侨生祖籍是偏僻闭塞的梅州市丰顺县黄金镇上坑村，这里生活条件十分艰苦。民国年间，何侨生的父亲何奕周带着几位兄弟，漂洋过海，在马来西亚柔佛州南端的巴西咯咯[①]落脚，开始了艰难的海外创居创业。何侨生就在这个异国他乡出生。当时该地仍属穷乡僻壤，谋生非常困难。少年时代的何侨生，便毅然决定就读新加坡德明中学，并定居新加坡。当时，年少的何侨生既无家业承继，亦乏亲朋相助，可想而知其创业的艰辛曲折。正是这样一个打工仔，通过自身的艰苦努力和聪明才智，一步步创造奇迹，成为享誉东南亚的“钢铁大王”。何侨生是白手起家的典型，靠自己的双手和智慧闯出了一条成功之路。目前，中国大学生就业形势严峻，政府也鼓励大学生自己创业，何侨生忠告刚毕业的大学生：最重要的是积累实践经验。一个人从来没有做过什么，没有任何经验就想创业是很困难的。[②]

（二）拼命三郎，被炒创业

1966 年，何侨生高中毕业，在一家石厂担任文书之职。1967 年，何侨生辞职，转而推销当时极为冷门的特殊钢。为了实现创业梦想，何侨生兼职推销瑞典 Seco Tools 公司的工具模。作为推销员，他什么活都干，每天早晨六点出门，去港口，跑银行，踩三轮车送货。开始时，生意惨淡。但何侨生依然耐心地寻找销售对象，他每天早出晚归，跑穿鞋底，想方设

---

① 巴西咯咯：Psair Gogok，又译为巴西高谷，位于马来西亚柔佛州哥打丁宜县。

② 佚名．何侨生：做生意，我从不走捷径［EB/OL］．http：//www. kjsj. com/Item/Show. asp？ m＝119&d＝804&p＝1.

法推销产品。为此，他受尽冷遇，吃闭门羹是家常便饭。但他毫不气馁，终日奔波忙碌，上午骑电单车推销，下午踩三轮车送货、收账，晚上拿 Seco Tools 公司的机床刀去推销。何侨生深感知识的重要性。尽管工作已经非常繁重，他还是尽量挤时间进修了有关特殊钢及工具模制造的课程，奠定了专业基础，为日后创业打下了扎实的基础。这样的何侨生，当时就被别人称作“拼命三郎”。

半年后，业务有了起色，收入随之而增，生活得到改善。推销采用计件定额、超额提成薪酬制，因为勤奋，到 1970 年，何侨生每月可挣1 000多元坡币（折合人民币 5 000 元），当时普通人的工资不足 300 元坡币。老板一算，小伙计的佣金比他赚的钱还多，合同到期后，就不再与他续约了。市场打开了，他却被炒了。虽有所心理准备，但恐怕何侨生自己也没有料到，他创业的动因居然是：因功高盖主而被迫离职。失业后，何侨生去印度尼西亚散心，思考了一个月，终于被迫迈出艰难创业的第一步。

（三）创业阵痛，百炼成钢[①]

1970 年，年仅 25 岁，已经在业界小有名气的何侨生以超人的胆识，仅凭 10 000 元坡币的资金，与友人合资创办了隆英私人有限公司（以下简称“隆英公司”），专营特殊钢和工具模代理销售业务。与其他行业不同，钢铁行业的存货资金需求量很大，赊账期、欠账期被拉长。隆英公司很快就陷入了财务危机。捉襟见肘的资金链，让初生牛犊的何侨生非常无奈。就在一筹莫展的时候，他忽然想到了旧友——瑞典 STORA

① 罗金良，彭水利．“钢铁大王”的故土情怀［EB/OL］．http：//www. meizhou. cn/2009/1005/76534. shtml.

STEELS 公司总经理 Axling 先生。经过一番洽商，何侨生居然得到了该公司的鼎力支持，隆英公司柳暗花明，顺利走出创业期的困境。

1975 年，STORA STEELS 公司看淡新加坡市场，决定撤资并转移至香港。而此时，羽翼渐丰的隆英公司则又看中了 STORA STEELS 公司的优良资产。何侨生没有放过这个机会，在他的主持下，隆英公司获得了银行的支持，顺利购入 STORA STEELS 公司在新加坡的厂房和其他资产。隆英公司自此开始了跃升式发展，营业额逐年攀升，在取得了 SKF 钢铁代理权之后，还拓展了法国和日本的钢铁销售代理业务。隆英公司因此扬帆破浪，在吉隆坡迅速建立了分支机构，进入了马来西亚市场。

1978 年，世界名企德国克虏伯（Krupp AG）钢铁公司①欲开拓亚洲市场。调研之后，克虏伯钢铁公司将合作对象锁定为何侨生，主动与何侨生联系商讨授权代理事宜。有这样的知名企业合作，何侨生求之不得，双方达成协议，建立了合作伙伴关系。1980 年，克虏伯钢铁公司增资 300 万元坡币，扩建生产厂房，并扩展了经营范围，提升了生产能力，隆英公司越飞越高。此后隆英公司又相继收购了其他钢铁公司，并在马来西亚和泰国建厂，产品除瑞典特殊钢和工具钢外，还有水钢、高碳钢、高速钢、高韧性合金钢、瑞典车床刀等。隆英公司在何侨生的打理下，有声有色，蒸蒸日上，很快就成为跨国钢铁企业，而何侨生由此获封东南亚“钢铁大王”的美称。

---

① 世界著名的钢铁行业巨头，德国主要的军品研制企业，1999 年与蒂森（Thyssen）股份公司合并为蒂森克虏伯（Thyssenkrupp）股份公司，世界 500 强企业。

三、代表企业

新加坡隆英私人有限公司	
公司类型	私人公司
成立时间	1970 年
创办人	何侨生
董事会主席	何侨生
首席执行官	何志辉
总部地点	新加坡
标语口号	团结创新、坚韧不拔、勇争一流
产业	钢铁
产品	特种钢材和金属模具
网址	www. leongjin. com. sg/

隆英公司成立于 20 世纪 70 年代初，由何侨生一手创办。公司坐落于新加坡裕廊核心工业区，主要代理销售欧洲知名制造商的优质钢材，如锻件、耐磨钢、冷作工具钢、热作工具钢、塑胶模具钢、高强度钢板以及耐热不锈钢板等。此外，隆英公司亦提供一系列高附加值的服务，如切割工艺和机械加工处理设备。如今，隆英公司在新加坡、泰国、马来西亚、中国等地设有生产企业 10 余家，主要经营金属模具与钢材加工配送业务，并已建立起覆盖泰国、马来西亚、印度尼西亚、越南和中国大陆等地区的区域性销售和服务网络。

四、商道分享

纵观何侨生半个世纪的创业历程，你会为其艰苦奋斗的精神和十足的干劲而赞叹，更为其鹰隼般犀利的商业眼光和高超的决策能力所折服。他是个勇敢的开拓者，也是个机智的冒险者，同时还是一个坚韧的狩猎者、一个迅猛的突击者。所有的这些，集合成了一个商业奇才。

（一）努力学习，脚踏实地

我们常常会发现，读书时成绩比较差的人，有时成年后创造的财富反而更多。这是因为学术型员工或迷恋于自身的学历背景，不愿意“屈尊”请教一线员工而宁愿闭门造车。殊不知，老员工很愿意传递经验给资质更佳的员工。但如果本人不问不说，别人怎么可能会知道呢？其实，社会才是一本最丰富的书，永远也读不完。书本上的知识只是一小部分，而这部分要转化成有用的东西，才算真的读懂了。由是观之，就不难理解为什么有些人成绩很好，读到了博士，却从事工资很低的工作了。何侨生中学毕业，不能说是高学历，但是他知道如何弥补自身的不足。何侨生为了对客户负责，自己去专修特殊钢课程。

性格内敛的何侨生没有忘记，在创业初期所遇到的很重情义与生意道德的同行前辈，例如刚出道时碰到的瑞典 STORA STEELS 公司的总经理，以及克虏伯钢铁公司的合作伙伴。他们在不同阶段给过何侨生帮助。因为他们做生意时互相帮助，合作的共同信念是：大家以诚相待。

（二）剑走偏锋，专攻冷门

创业者都有一个梦想，在他所钟爱的行业中成为佼佼者。中学时代的何侨生何曾料到，在他中学毕业第二年后的大半生里，他所钟情的行业居然是特殊钢！这种新兴的高科技产品在当时绝对是新生事物，许多人都闻所未闻。因为它专门用于工具模及特殊机械生产，用途狭窄，属于冷门的行业，大家都不看好。创业初期惨淡的经营状况没有动摇何侨生，他反而把工作做得更为细致，耐心地寻找销售对象，并且进修相关课程。在对特殊钢的了解愈发深入之后，何侨生慢慢意识到，快速发展的现代工业，尤其是航运业和国防工业，必将产生对特殊钢大量的需求——这是朝阳产业，是值得他努力并为之付出的行业！一时的冷门生意意味着巨大的发展空间，今天的冷门可能就是明天的热门。何侨生咬定青山不放松，凭着勤奋努力，一步一步地在特殊钢行业走了下去。

事态正如何侨生所预料，公司的营业情况在几个月后终于有所突破，特殊钢的价值被一些具有远见的机械厂发现，开始下单订货了。就这几单生意，虽然没有赚到多少，也让何侨生如黑暗中陡见了一点曙光，信心倍增。在他不遗余力地推销之下，半年后生意小有所成。兴奋欣慰之余，何侨生不满足于小富即安，他对特殊钢这一极度冷门行业产生了强烈的归属意识，下决心创建自有的钢铁公司。

（三）躬耕结网，战略布局

半个世纪来市场遭遇数度金融风暴，但未给隆英公司带来很大的影响。况且隆英公司处在资金大进大出的钢铁行业，这不得不令人佩服何侨生的战略布局。他缜密的管理思维，严谨的风险防范意识，令隆英公司越来越强大。

令人百思不得其解的是，20 世纪 70 年代，信息还很闭塞，瑞典、德国经营特殊钢的公司尚未在新加坡设立经销点，远在新加坡的何侨生，是如何捷足先登，与这些大公司挂上钩的？何侨生的秘密武器是：每次到港口拿货时，总是特别留意途经新加坡港口的特殊钢产品，看到好的产品，便记下公司名字和电话、传真号码，回来后与公司联系。1970 年，他以这种方式，与瑞典 STORA STEELS 公司开始了合作。五年后，何侨生买下了这家公司在新加坡的厂房及其他资产。1978 年，何侨生如法炮制，与德国克虏伯钢铁公司建立合作关系，直至发展成东南亚最具实力的特殊钢跨国公司。

（四）实干兴业，挑战人生

何侨生做推销员期间饱尝销售工作之艰辛，早上六点出门推销，下午送货，到港口拿货，甚至还要跑银行。何侨生从中学到了很多东西，积累了不少经验，为后来成立公司打下了基础。当时做推销很锻炼人，何侨生此后脚踏实地的作风，隆英公司精细管理的文化，均缘于何侨生早期的“一步一个脚印”。工作一定要踏踏实实，一步一步才能发展起来，一夜暴富是不可能的，做生意，何侨生从不走捷径，每个细节都决定着成败。作为成功经营钢材的企业，隆英公司经营的核心理念是信誉第一。有就是有，没有就是没有，是就是，不是就不是，绝不能有半点含糊。隆英公司的企业文化就是严格的管理与精诚的合作。特殊钢产品均用于核心零部件，一旦有丝毫疏忽，很容易发生意外，所以它绝对不可以被调包，开不得半点玩笑，否则势必发生连锁反应。一次事故即可葬送公司总体的努力，不仅自己脱不了干系，合作对象也会被牵扯上。由何侨生反复强调的“一步一个脚印”，可以看出其创业过程中循序渐进的路径与脚踏实地的风格。点滴辛酸在心头，找到值得一生努力的行业，而且坚持了下来，是何侨生最为庆幸的事。

何侨生最欣赏忠诚的员工。在隆英公司，约有 600 名员工工作超过 10 年，跟随何侨生二三十年的员工比比皆是。也就是说，何侨生基本上不会炒员工的鱿鱼，他认为员工是公司的一分子。要告诉员工每一阶段的奋斗目标、公司发展的前景，大家是合作伙伴，这样，员工与企业一起努力，把每件事做得最好。何侨生为人非常谦逊，从不以成功人士自居，但永远不满足，始终在努力，总想做到最好，事业就在这个不断的追求中被做大了，这可能是何侨生成功的主要原因，因为他坚信："逆水行舟，不进则退。"

（五）小本经营，逆袭绝境[①]

1970年，年仅25岁的何侨生以其仅有的10 000元坡币与他人合股成立隆英公司。区区一两万元租一间店铺，请两位工人尚可，如何能够在存贷资金大、欠账期长的钢铁业存续？由于周转资金匮乏，半年时间公司就陷于窘境。关键时刻，何侨生的诚信勤勉发挥了作用。他的勤勉体现为眼勤、腿勤与动脑勤。善于观察的何侨生在港口看到一间瑞典公司的特殊钢质量上佳，就主动与之联系代理业务。沟通过程中，何侨生如实告之，代理业务没有问题，资金匮乏却是问题，并问询赊账的可能性。瑞典公司居然在没有签约的情况下同意了，首批即给其放货10多万元。半年后，账期到了，隆英公司无力支付。因公司历史太短，银行不予放贷，只有去借高利贷硬扛。创业中的各种问题砸向何侨生，为此他没有休过一天假，整个人累得又黑又瘦。但他凭借坚韧的性格，就这样向瑞典公司边拿货，边还款，居然支撑了下来。

1975年，STORA STEELS公司撤资移至香港，其在新加坡的厂房及其他资产为隆英公司购得。那么问题来了——何侨生何以有如此强的实力购买价值不菲的STORA STEELS公司的厂房资产？当时STORA STEELS总公司即有意将其厂房资产作价300万元转让给隆英公司。而那时的何侨生连30万也拿不出。结果，STORA STEELS公司再次放松付款条件，同意何侨生逐

---

① 佚名．何侨生：做生意，我从不走捷径［EB/OL］．http：//news. gd. sina. com. cn/news/2009/12/02/741730. html.

月还款。那时何侨生真的实力有限，或许前五年的愉快合作，使得他们极为信任何侨生的为人处事。

1978 年，新加坡特殊钢市场呈三足鼎立之势，隆英公司是其中之一，他们的区别是所经营产品的牌子不同。何侨生就此做了调研。他在港口看到德国克虏伯公司的产品，因为"二战"时德国的军备都是这家公司生产的，何侨生主动联系代理事宜。他的主动带来了非常难得的机会。克虏伯公司在与何侨生交流过程中，发现他很有经验，非常有见地，于是双方一拍即合。此后，克虏伯公司联合德国银行向隆英公司注资。有了德国资金的注入，隆英公司如虎添翼，扩建厂房，收购同业，不断扩展经营范围和生产规模，开始了多元化经营，并在马来西亚和泰国等地建厂生产。

五、文化特质

何侨生的外貌与梅州客家人无异，而且讲得一口流利的客家话，甚至对梅州客家人的典故、山歌也都很了解。但他的名字"侨生"已告诉我们，他是生于异国他乡的"侨二代"。

（一）生于异国，情牵故里

何侨生的童年时期在马来西亚度过，少年时期及之后则在新加坡。他的父亲何奕周经常向他灌输这样的思想：根在中国，家在丰顺，不能忘！从父母那里，年幼的何侨生知道，自己的家乡是一个被称为"竹乡"的美丽小镇，那里的风土人情更是为他所向往。何侨生从小就对家乡有着血浓于水、割舍不断的深情向往和无限眷恋。何侨生自陈其是第二代华侨，生长于异域他乡，对远在中国的家乡很难有认知。但由于父母的熏陶教导，使何侨生对家乡有了深刻的感知，激发他回乡省亲的动机与为家乡做贡献的强烈愿望。因此，何侨生非常看重他的“梅州市荣誉市民”称号。他关心、支持家乡建设，期望的就是一种血浓于水的归属感，这也是他对亡父叮咛嘱托其回报家乡的行动回应。

何侨生第一次回到家乡丰顺黄金镇，还是20世纪80年代初期。当时，他已是享誉东南亚的“钢铁大王”。他很快在家乡找到了“根”，找到了浓烈的乡情。那时黄金镇还没有通电，何侨生了解情况后，当即决定出资兴建一座小型水电站，让黄金镇告别了煤油灯时代。1992年，何侨生再次返乡，捐资70多万元人民币兴建了侨生学校。之后，他又捐资300万元人民币，整修了黄金中学、黄金中心小学的校舍。此外，他还捐资150万元人民币，修复了当地名胜古迹陈南寺，并陆续捐资220多万元人民币用于公路、黄金敬老院、丰顺中学和县人民医院等各项建设。进入21世纪，何先生又多次为家乡的公益事业捐资，其中的两次善举尤为家乡人所乐道，那就是他捐资350万元人民币重建黄金卫生院大楼，购置先进的医疗器械，使该院达到了部标水平，成为全县最好的基层卫生院；出资360万元人民币兴建位于丰顺公园内的中华龙连廊，这一标识性景观为丰顺县实施“旅游旺县”战略增色不少。

1993年，何侨生当选新加坡丰顺会馆会长，之后他率众参加了“第二届世界丰顺同乡联谊大会”，呼吁侨胞回乡省亲，支持家乡建设。1995年，他组团参加马来西亚丰顺会馆15周年馆庆。之后，又率众前往台湾探访丰顺旅台同乡……经过多年的多方奔走，海外的丰顺侨胞和台湾同胞的联系更为紧密了。作为海外赤子，何侨生功不可没。身为海外侨领，他穿针引线，不辞辛苦，在侨务工作上的贡献将令人永久铭记。何侨生自身工作繁忙，还热心服务新加坡和祖籍国的公益事业，其情其志，实在令人钦佩。

（二）寻根问祖，兴教助学[①]

尽管常年与冰冷坚硬的钢材打交道，尽管是一位长者，何侨生乐于助人的心却始终火热。尽管贵为“钢铁大王”，但由于为人十分低调，何侨生的名字很少见诸新加坡的报章媒体。与之相对照的是，在广东省梅州市，尤其是丰顺县黄金镇，何侨生的名字却几乎家喻户晓。在这里，何侨生几乎就是公益慈善的代名词。

20 世纪 80 年代初，何侨生偕同另一位新加坡华侨悄悄地回到丰顺县黄金镇上坑村。虽然当时何侨生操着纯正流利的本乡话，但村里人都为这位“天外来客”而惊讶。那种“相见不相识”的场景确实让人迷惑。当提起何奕周的名字后，村里的老人们拾起了记忆，乡亲们才恍然大悟，十分热情地接待了他们。当时中国的改革开放序幕刚刚拉开，久居山村的乡亲们无从了解外面的世界，也不清楚面前的“番客”在外的成就和此行的目的，但不变的仍是依依不舍的送别。摸清了回乡的路径，何侨生时隔不久又带上思乡心切的母亲再次返乡。这一次，他感受到了更为浓重的乡情。当地政府、干部群众和学校师生数千人夹道欢迎，这让何侨生激动不已，深感欣慰。支持家乡公益事业建设、捐资办学的决心更为坚定了。

何侨生搏击商海几十年，目睹商海竞争的关键是人才，感触颇深，所以高度重视教育和文化事业。2003 年，在他参加“第五届世界丰顺同乡联谊大会”，了解到家乡高中教育落后的情况时，感到非常惋惜。占全县 1/3 人口的北部八乡镇居然没有一间完整的中学，条件好一点的学生要到离家三十多公里

---

① 杨薇．“钢铁大王”何侨生：壮志兴骏业　仁风报春晖［EB/OL］．http：//news. sohu. com/20100304/n270584961. shtml，2016－09－04.

的地方读高中，条件差一点的学生只有放弃读书。这让何侨生非常感慨，他毅然决定新建一所中学——丰顺县黄金中学，并捐资 1 000 万元人民币。[①] 他亲自参加了新校的选址，提出了学校办学规模等级要求，安排新加坡的工程师参与学校的规划设计，亲自参与设计图纸的修改。设计方案敲定后，经预算，超出了原来的捐资额度，何侨生决定增加捐款，捐资金额从 1 000万元人民币增加到 2 600 万元人民币并进而增加到 3 600 万元人民币。这间建筑面积达 30 000 平方米的学校，主要建筑包括教学楼、综合办公大楼、学生宿舍、教师宿舍、食堂、礼堂、运动场等。何侨生希望家乡大多数的子弟能读到高中毕业。他回忆起其父亲关于“只有知识才是自己的，任何人都抢不走”的教诲，希望家乡的子弟能学到更多的知识，掌握谋生的本领。他说将来学校可以和新加坡的相关学校挂钩联系，沟通交流。何侨生还设立“何侨生教育基金”，奖励在校优秀学子，并适当贴补教师生活。[②]

（三）仗义疏财，乐善好施

除资助办学之外，何侨生对丰顺县的其他公益事业也屡次慷慨解囊，几次返乡，何侨生都有着不同的感受，都对家乡各项建设伸出了援手。多年来，何侨生热心社会公益事业。对于财富，何侨生认为钱财乃身外物。很多时候，在短时间内，我们手上会流过很多钱，甚至上亿元，但真正是自己吃的、用的，却是很少。无论谁都如此，你不可能把财富全部自己用光。财富就像圣诞老人装袜子，给小朋友分配礼物一样，如果

---

① 佚名．何侨生［EB/OL］．http：//baike. so. com/doc/3949446 - 4144552. html.

② 佚名．硕德仁风桑梓情［EB/OL］．http：//fsjy. fengshun. gov. cn/index. php？ a = show&c = index&catid = 7&id = 238&m = content.

圣诞老人将所有礼物收归己有，那就失去了意义，他自己也不会快乐。金钱在你手上，是为了让你分配出去的。趁有一些钱的时候，去帮助别人，是一件快乐的事。人生短暂，如果不能留下值得纪念与珍藏的记忆，就太可惜了。

对于自己多年来捐款行善的行为，何侨生仅仅轻描淡写：帮助他人是快乐的事，一个人需要用的钱不是很多，能吃的也不多；对于该帮助的人，能够帮多少就帮多少。

（四）嘉应痕迹：何侨生捐建的嘉应学院孔子雕像

2010 年 7 月 16 日，何侨生捐建嘉应学院的一尊孔子雕像落成。广东梅州市委常委、常务副市长李金元，副市长陈丽霞，嘉应学院党委书记李俊夫、院长邱国锋为孔子雕像落成揭幕。

这尊孔子雕像位于西校门何侨生大楼前，该雕像高 3 米，以优质青石为材料全石制作，重约 7 吨。雕像所刻画的孔子栩栩如生、气宇轩昂，充分展现了“至圣先师”博学、智慧、儒雅的风范。孔子雕像的落成，是该校校园文化建设的又一个新亮点，将进一步提升学校的文化品位。该校负责人表示，立孔子雕像于校园，目的在于教育广大师生传承中华民族的优秀文化、弘扬中华民族的传统，培养师生的诚信、仁爱、责任、文明等现代人文素养。同时，引导广大师生努力践行孔子思想，形成知行统一、学思结合、敏而好学、不耻下问的学风和有教无类、乐教好学、学而不厌、诲人不倦的教风，激励广大师生践行“明德、亲民、止于至善”的大学精神，树立修身立己、齐家治国的远大理想。

除此之外，嘉应学院的何侨生行政楼，也是何侨生捐资 300 万元人民币所兴建的。

"国货大王"

余国春

一、个人简介

二、创富过程

三、代表企业

四、商道分享

五、文化特质

一、个人简介

（一）个人档案

中文名：余国春
出生地：印度尼西亚
出生时间：1951 年 9 月 16 日
籍贯地：广东省梅州市梅县松口官坪村
毕业院校：悉尼亚麦哥得大学
主要成就：1998 年获“非官守太平绅士”；1999 年获颁“银紫荆星章”；2006 年获颁“金紫荆星章”

（二）素描

1951 年，祖籍梅州市梅县区松口镇官坪村的余国春在印度尼西亚出生。1959 年，他随父母迁居香港读小学，随后于澳大利亚堪培拉就读中学，并考入悉尼亚麦哥得大学，攻读工商会计[1]。1974 年，余国春毕业后返回香港，开始了其从襄理—副经理—副总经理—总经理—董事长兼总经理—集团主席的裕华生涯。多年来，余国春不懈奋斗，率领裕华国货与时俱进，为国货品牌的发展做出了巨大的贡献，获得香港“国货大王”之美誉。

余国春获得的荣誉有：1998 年获得香港特别行政区政府颁发的“非官守太平绅士”称号；1999 年获得香港特别行政区政府颁发的“银紫荆星章”；2006 年获得香港特别行政区政府颁发的“金紫荆星章”。他还是第十二届全国政协常委。[2]事业上有成就，荣誉上有收获，但余国春没有忘记对社会、国家的责任，并积极参加社会公益活动，通过大力支持社会各项福利事业来回馈社会。

二、创富过程

（一）先父始创，耳濡目染

裕华集团的前身是裕华国货公司，而裕华国货公司是余国春的父亲余连庆创办的，要介绍余国春的创富过程，就得先介绍其父亲余连庆创办裕华国货的过程。

由于家境贫苦，余国春之父余连庆幼时便失学，18 岁便“下南洋”谋生。从代购做起，到做钱庄，再后来经营贸易公司兼营汇兑业务，渐有所成。1957 年，余连庆受国侨办邀请，

---

① 工商会计具体分为工业会计和商业会计，其中工业会计主要是制造业、机械生产等。而商业会计主要是涉及无生产过程的流通环节，买来就卖，不会改变物资的物理形态，如超市、百货、副食等。

② 王思翔．资料：第十二届全国政协常委、香港裕华集团主席余国春［EB/OL］. http://www. ce. cn/cysc/newmain/pplm/czrw/xw/201303/14/t20130314_21446534. shtml.

回国参加国庆观礼。当时国内各项建设欣欣向荣的景象，给余连庆留下了深刻印象，因此萌生了在香港推销国货的念头。此举在1959年6月付诸实施，余连庆创办裕华国货有限公司（以下简称“裕华公司”），意为富裕中华，由此可见其对国家民族情谊之深厚。裕华，经过多年的发展从当时一个占地仅300多平方米的小公司，发展为“香港五大国货公司”之一。除此之外，余连庆还为加强内地与香港经济贸易、拓展国货市场做出了积极的贡献，得到大家的赞叹。余连庆先后被选任为旅港嘉应商会永远名誉会长、香港南洋输出入商会名誉会长、裕华国货公司董事长等职位。

拥有浓厚赤子情怀的余连庆一直对家乡念念不忘，并通过各种方式回馈家乡。大力发展家乡公益福利事业，主要支持家乡的教育事业。从1957年到其逝世，他捐款多达230万元人民币。为使家人不忘家国，他总是对家人言传身教，而余国春也深受其影响。

（二）承接家业，更上层楼①

余国春回顾自己接手裕华集团以来的经历，感慨万千。客观而言，裕华集团的品牌，绝不是一天两天树得起来的，而是几十年如一日，通过一天天实实在在的热忱服务积累起来的！

1974年，余国春从悉尼亚麦哥得大学读完大学后便返回香港，加入并参与裕华公司的管理工作，协助余连庆经营管理公司的业务。余国春先是在营业部门进行磨炼，多年来一直尽其所学，刻苦努力、踏实前进。在他的努力下，公司业务有所

---

① 张梅珍，刘学秀．愿为国货架金桥——记全国政协委员、香港裕华国货有限公司董事长余国春［J］．江海侨声，1997（11）：20.

突破。同时，余国春将新的理念和方法运用在公司的经营管理当中，为裕华公司注入活力。当时，在他的说服下，董事会同意将租用的物业购置下来，并坚持用自置物业来发展事业，奠定了公司的发展基础。余国春也在这些年的时间里积累了宝贵经验，并于1986年担任公司的董事长兼总经理，开始接手公司所有业务。在余国春的接管下，裕华成为香港五大国货公司之一，裕华品牌也深入人心，成为香港国货业的重要代表，余国春也被誉为“国货大王”。

三、代表企业

（一）香港裕华国产百货有限公司

香港裕华国产百货有限公司	
公司类型	非上市公司
成立时间	1959年
创办人	余连庆、余庆
董事会主席	余国春
首席执行官	余国春
总部地点	香港
标语口号	与时代并进、与社会同步、与顾客同心
产业	零售
产品	零售百货
网址	www. yuehwa. com/zh – hk

香港裕华国产百货有限公司（以下简称“裕华国货”）是一家以香港为基地的百货公司集团，历史悠久，信誉卓著，裕华意为“富裕中华”。自1959年开业以来，裕华国货一直秉承竭诚服务顾客的宗旨，几经努力，奠定稳固基础，成为香港

大型零售集团之一。发展至今，裕华国货已由成立初期的一间小型百货店，逐渐扩展为具有相当规模的零售集团，除了经营百货店，裕华国货集团全资附属的中华药坊有限公司负责管理香港十多间中成药专门店、保健坊之外，还在海内外拥有自置物业及多项业务经营。裕华国货各零售点全都开设在港九新界闹市，地点适中、交通便利、客流量多。以裕华总店为例，坐落在港铁佐敦站上面，位置优越，商场共占七层，经营商品以国货为主，并汇聚世界各地名牌产品。备货齐全、货真价实、质量至上、服务妥善的经营宗旨，更在香港消费者、海外华侨及各国游客中享有崇高信誉。[①]

1959 年在香港创办之初，公司仅有 372 平方米的办公面积，职工数量仅为 60 人，其创办人正是余国春的父亲余连庆和叔父余庆两兄弟。裕华国货经营的产品包括中西服饰、鞋履、床上用品、电器、手工艺品、药材、食品、家私等。后来，随着形势的发展，在以余国春为董事长、总经理的董事会的引领下，裕华国货迅速发展，拥有 20 多家子公司，已由单一百货业务拓展为包括百货零售、物业、金融业、贸易、仓储、运输等多元经营。

（二）经营宗旨[②]

一方面，裕华国货始终坚持以经营国货为主，并以“与时代并进、与社会同步、与顾客同心”为经营发展的座右铭和奋斗目标，以弘扬国货为重点业务，确定了经营品种优良而多样化的方针，悉力把各种优质国货引进及介绍至本港消费市

① 佚名．裕华国货公司简介［EB/OL］．http：//www. yuehwa. com/zh – hk/company – profile.

② 佚名．香港裕华国货［EB/OL］．http：//baike. so. com/doc/2648547 – 2796780. html.

场，并不断开拓新商品和服务，不断提高商品规格和档次。另一方面，裕华国货一直以生动活泼的形式，举办各种商品文化展览和推广活动，不断引入和推介中国各地及外国特色名优产品。如印尼节、台湾美食节、四川节、云南节、东南亚食品节、江西有机/绿色食品展、石湾陶瓷古藏展、典雅家具展等，市场反应异常热烈。还有中国名茶、西藏冬虫夏草、贵州茅台酒，特色及季节性食品如大闸蟹等也很受消费大众喜爱。裕华国货紧贴消费潮流趋向，继续推出和增加系列的中成药、保健用品、食品、工艺陶瓷、服饰时装、皮具皮鞋、床上用品及其他各类优质品牌，在保持与增强优质服务基础上，致力扩大品种，吸引新的顾客群，进一步适应和满足广大顾客的需求。

（三）发展方向

五十多年来，裕华国货立足香港，面向世界。随着时代发展及社会进步，集团将以零售业务为主，继续努力拓展综合业务经营，进一步提高裕华国货的声誉、地位和知名度，集团同仁上下一心，将继续贯彻弘扬国货、服务大家的精神，携手合作，与时俱进，迈步向前，把零售百货及其他各项相关事业推向一个全新的发展境界。

四、商道分享

余国春区别于其他客商之处，在于其“富二代”的身份。中国素有仇富心理，“富二代”因此具有更多的贬义。但中国更有一句古话，叫作“创业难，守业更难”。其实，二者并不冲突。只是它揭示了经商过程中只有在保留既有优良传统的基础上，不断创新，方可立于不败之地。由这点来看，余国春能够将裕华国货带到今天的位置，确实殊为不易。

（一）直面挑战，发扬光大

对于很多局外人来说，余国春是接手其父亲和叔父打下的江山，已经有了很好的基础，有现在的成就，很大的功劳在于其父辈。其实不然，创业难，守业更难，发扬光大则是难上加难。在余国春接手裕华国货的初期就遇到两大难题：一是竞争；二是体制。

1. 百货春秋，同台竞技

20 世纪 50 年代，香港国产百货逐渐开始兴起，随着市场的不断发展，大大小小的商户开始加入百货市场，逐渐形成五大国货品牌“同台竞技”的格局，它们分别是中国百货、中侨百货、裕华百货、大华百货、华丰百货，竞争日益激烈。

2. 市场错位，国货艰辛

无论是过去还是现在，凡是经营过国货行业的人都知道，国货行业很难做。除了会受到一些政治因素的影响外，内地的计划经济更是给这个行业制造了“大麻烦”。有关数据显示，从 1953 年开始，我国实行了 5 个“五年计划”，即从 1953 年至 1980 年，这个阶段称为“计划经济时代”。从经济学的角度来讲，企业的经营周期越短，资金流转性越好，对企业越有利。而优质、多样又符合市场需求的货品对国货公司来说尤为重要。一旦与市场需求不相符，货物自然就难以卖出去，货物囤积过多将会导致资金周转不足，进而造成亏损。然而，在改革开放前，内地走的又是计划经济路线，生产什么、生产多少都是按照计划进行。这样一来，就与瞬息万变的市场相矛盾，采购的货物不符合市场需求的情况也常常发生。这对国货行业来说，就是最大的挑战。

（二）经营之道，特色创新

如今，裕华国货已经由一个小公司发展成一个大集团，经营范围除了国货外还有房地产、金融，海内外拥有十多家分店，裕华已成为香港国货界家喻户晓的品牌。那么，在激烈竞争环境下，余国春是如何带领裕华集团发展壮大，成就今日的裕华呢?

1. 现代理念，科学管理

为了解决裕华管理混乱的问题，提高管理效率，余国春首先提请董事会，整合货仓并进行集中管理，完善了货物周转情况。然后，大胆实行了具有前瞻性的举措，耗资480万港元更新电脑系统和公司硬件设备，使得裕华成为业内最早使用电脑进行管理的公司。通过这些改革、创新的措施，大大提升了裕华公司的经营效益，为客户提供了方便。舒适的购物场所，树立了良好的企业形象。同时，也使得公司能够及时掌握市场资讯、企业情况，提升了公司的管理效率，从而走向科学管理。

2. 国情国粹，国货特色①

余国春称，经营国货应多元发展，一个商品可以附着很多的文化内涵，单纯的买卖就会显得单调。裕华采用商业与文化相结合的手段，通过举办文化专题展览、民俗节等具有文化特色的活动来促进裕华的发展，推广裕华的品牌。如举办中国国画展、石湾陶器展、国产兰花展、试听玩用家电展等，将科技、文化、情趣融入商品消费。不仅如此，裕华还通过举办泰国节和印尼节，将东南亚国家的购物民俗、工艺品、土特产品推介给大众，以迎合大众需求。又如在20世纪80年代，裕华公司专门从浙江、上海请来名厨，通过制作有代表性的食品给许多前来的中国台湾老兵及其后辈品尝，勾起他们对历史、家

① 周伯琦，吴亚．裕华国货风采录［J］．中外企业文化，1995(4)：20－21.

乡情感的回忆，并且得到各界的一致好评，提升了企业的社会形象。

3. 中西合璧，脚踏实地

在裕华公司经营货物的风格上，余国春也花了不少心思。按照余国春的话来说，就是要做到“中西合璧”。在货物的经营风格上，他既要求要持有中国特色风格，又特意在传统中国特色风格上糅合了现代化的美感。在裕华百货销售的近十万种货物当中，外国货物为数不多，但在货物样式和服务上力求多元化。就拥有约3 000平方米的中环店的情况来看，裕华公司针对公司客户群体中游客的比重较大，且多为中上层人士的情况，特意将商场装修、布局、产品陈列等设计成具有“高品位、高档次”的风格，使得商场呈现出一幅现代化、大气派的景象。余国春指出，发展要符合时代潮流，即使是国货行业也应具有这样的特质，既要坚持销售优质传统特色产品，又要适当引进国外优质现代化潮流产品，这样才能满足客户多变的需求。裕华公司不断创新，紧跟时代脚步，使得其在国内外顾客心里留下美好的消费印象，赢得良好的口碑。

裕华公司积极面对发展过程中的阻碍，并坚持拓展和不断创新的战略，使之成功成为国货界的行业领军公司之一。虽然取得了如此成就，但是余国春却不断强调，坚决抵制盲目扩张，并主张以稳健作风保证公司规模上的合理拓展，这同时也反映了余国春对公司和员工负责的态度。正是如此，裕华公司才能在几十年的激烈竞争中健康发展。

4. 与时共进，与客同心

裕华国货务求品种优良且多样化，悉力引进各种优质国货至香港市场，同时创新商品和服务，提升商品规格和档次。从租用场地到自置物业的转变，使得裕华经营变得更为主动。裕华将文化融入商业，举办文化特色活动，实现了多元发展，推广了裕华品牌。裕华公司突破单一的国货零售模式，进军金融、房地产行业，其中借房地产发展之势，有效地减缓了金融危机对裕华公司的冲击，实现多元发展也有助于裕华更加长久的发展。

在与顾客同心方面，裕华公司更是在不断开拓创新，提供更高档次、更好的服务，提供更加优质的产品。在人们更加注重保健的今天，裕华公司则是更加注重食品、保健用品等的质量和安全，真正地做到想顾客之所想。在货源方面，裕华公司为保证货源质量，选择从口岸直接进货，而且还对每一批货物进行严格抽查，尽量保证货物的质量。若顾客购买的货品出现质量问题，裕华公司也郑重承诺，凭发票即可马上给予退款。可见，从整个链条上，裕华公司都站在顾客的角度去完善自身的管理和服务，在顾客心里树立了一个负责企业的形象，拥有很高的信任度。

五、文化特质

作为富商之子，余国春所承继的财富仅是其中的一部分，更多的是祖辈的家国情怀与客家人勤奋、质朴的美德。

（一）承父美德　心系家国

余国春的父亲余连庆和叔父余庆基于对国家的真挚情感创办了裕华公司。两位先贤对国家、民族情谊之深厚深深影响了后人。余连庆刻意加强对余国春的爱国教育，培养余国春的民族意识。例如，在余国春赴外上学之前，余连庆特地带其回广州，并告诫余国春不要忘记为人之本。正是在父辈的熏陶之下，余国春才时刻保持着客家人质朴、勤奋、坚韧的优秀品质。余国春浓浓的家国情怀，就是裕华公司保持强烈民族特色的一个好埋由，同时也是裕华公司几十年始终坚持国货的深层原因，正是基于对国家的情感、对国货的信念，裕华哪怕是在最艰难的时期都没有动摇过。

时下的中国社会，部分年轻人过于热衷西方文化，而对中国传统文化兴趣不大。裕华集团坚持推广国货逾半个世纪，期望的就是中华民族的繁荣兴旺。余国春认为，应着重向青年一代传播中华传统文化，借助喜闻乐见的形式，激发他们传播和弘扬中华文化的热情。裕华公司在这点上已经做得非常好了，为业界树立了一个弘扬优秀传统文化的标杆。销售创新之外，各种华人社团联谊会、中文夏令营、节庆纪念活动等，余国春功不可没。他认为，年轻人永远喜欢尝试新鲜事物，如网络和到海外旅游与学习，中华民族 5 000 年的历史文明，不可以在这一趋势中淡漠下去。作为全国政协常委，余国春号召全社会共同努力，向青年人士和学生宣传传统文化的魅力，以加深年青一代对中华文化传承重要性的认识，让博大精深的中华文化永不间断、永葆光芒。

（二）热心公益　爱洒神州

余连庆“取之于社会，用之于社会”的行动准则，在余国春这一辈得到了完美的体现。在继任总经理后，余国春便开始不断支持家乡公益，包括：在梅州市兴建嘉应大桥时捐款 100 万元；1990 年，捐资梅州市剑英图书馆、松口小学 110 多万港元；1991 年，为华东水灾筹得善款 300 万元；1993 年，为北京申奥、暨南大学筹建学生宿舍等三个项目分别捐款 100 万港元；1995 年，为松口中学兴建裕华办公大楼捐款 100 万元等。1992 年，为表彰余国春为爱国爱乡、关心家乡发展所做出的贡献，梅州市人大常委会授予其“梅州市荣誉市民”称号，并于 2004 年由梅州市政府将其聘为政府发展战略顾问。

余国春积极承担起其对香港社会、祖国的责任，积极参加各项社会公益活动。作为全国政协常委、香港特区筹委会委员、香港中华总商会常务会董、香港广东社团总会主席、香港友好协进会永远名誉会长，他积极为推动国家经济社会发展做出了巨大的贡献。

“橱柜大王”

姚良松

一、个人简介

二、创富过程

三、代表企业

四、商道分享

五、文化特质

一、个人简介

（一）个人档案

中文名：姚良松
国籍：中国
职位：欧派家居集团创始人兼董事会主席
籍贯地：广东平远县
出生地：广东平远县大柘镇岭下村
出生时间：1964 年 8 月

（二）素描

1964 年，姚良松生于粤东山区平远县的一个贫寒家庭。他身为家中长子，天资聪颖，勤奋好学。

1981 年，他以全县第二名的成绩考取北京航空航天大学。

1986 年，大学毕业后的姚良松被分配到江西景德镇昌河飞机制造厂下属的技工学校任教。在任教期间，他创办了《绿草地》校刊，寓意“清晰自由的理想实验室”。

1988 年，姚良松走下教师讲台，下海经商。在经营酒楼失败后，他背债离开景德镇，开始了流浪生活。此后一年多的时间里，他辗转成都、上海、泉州、晋江、厦门、南京和西安等地，一直在“找工作—工作—失业”的循环中游走。

1991年，姚良松在浙江平阳无线电厂担任医疗器械业务员。因业务出色，回报颇丰，继而他创办了医疗器械公司，获利丰厚，成功掘得了人生的第一桶金。

1994年，姚良松涉足橱柜行业，开创欧派品牌，从此开始倡导“中国厨房革命”。

1997年，姚良松提出了欧派“公平、光明”的文化建设目标，开始进行欧派企业管理的升级。

2004年，拥有十年历史的欧派已在全国建立起数百家专营店，并建成了亚洲最大的橱柜制造中心——欧派工业园，面积达20万平方米。同年11月，广东省装饰材料行业橱柜专业委员会宣告成立，姚良松被选任为委员会主任。

2006年，姚良松荣获广东省“十大经济风云人物”称号。

2007年，姚良松当选全国工商联橱柜专业委员会会长、中国建筑装饰协会厨卫工程委员会会长。

二、创富过程

尽管较之曾宪梓、何侨生等客商前辈，作为60后的姚良松要年轻得多。但他的创业过程之艰辛，受到失败打击之密集，足以写出一本教科书。

（一）初学乍练，崭露头角

中学时期的姚良松有一个梦想，就是当上村主任，带领全村人民脱贫致富，丰衣足食。大学期间，他加入了大学生俱乐部，后被推举为俱乐部的宣传部部长。俱乐部经常开展一些活动，但仅仅依靠会费作为活动经费远远不够，经费不足导致活动难以为继。因此，为了能够筹集足够的活动经费，姚良松开始了一系列的小创业，例如，组织俱乐部成员去卖报纸、咖啡、皮包，出租图书等。这些创业经历，虽然不是什么丰功伟绩，甚至有些微不足道，但它给姚良松带来了强烈的创业意识，让他认识到了自己的经商头脑，对后来非凡的创业人生有着极大的影响。

（二）背水一战，坚持不懈

大学毕业后，姚良松被分配到江西景德镇的一所技工学校任教。身为长子的姚良松，为了让正在读书的弟弟妹妹们有更好的读书环境，让家里人有更好的生活条件，在教书之余，借了2 000多元，承包了一家15平方米的餐馆，但时运不济，饭店只经营了半年多就倒闭了，借来的钱也全部亏掉了。面对危机，他一狠心一咬牙，扔掉了“铁饭碗”，辞去教师一职，开始走上创业之路。没有退路的他，左思右想，决定背水一战，借来更多的钱，承包了一间规模较大的酒楼。此后，为了赚钱，为了还债，他全身心地投入到酒楼的经营中，拼命地干活，甚至没空去理发、刮胡子，以致闹出了被年轻女子称作“大叔”的笑话，而当时，姚良松年仅24岁。经过夜以继日的辛劳，酒楼的生意开始好转，慢慢地开始盈利了。然而由于某些原因，酒楼最终倒闭了。那时，姚良松背上了1万多元的债务。面对这个天文数字，他被压得喘不过气，天天被噩梦缠身。在万般无奈之下，1989年年初，他逃离了景德镇。有家不能回也不敢回的姚良松自此开始了流浪的生活。他在北京航空航天大学的同学来自于全国各地，他也就辗转于成都、上海、泉州、厦门、南京、西安等地，不断地找同学、找工作、失业……如此循环往复。在他最穷的时候，身上仅有两毛钱，连一个茶叶蛋也吃不起。但经历了低谷的姚良松，仍顽强地坚持了下来。

（三）柳暗花明，掘金一桶

1991 年，姚良松在浙江平阳无线电厂找了一份工作，出售医疗器械。其时恰逢医疗器械的“春天”，姚良松凭借出色的业务能力，得到了丰厚的收入。他不仅把所有债务还清，而且抓住时机，创办了医疗器械公司，获利颇丰。对于所有的创业者来说，第一桶金是最难赚的。但姚良松凭借他的韧性与出色的能力，抓住机遇，获得了他人生的第一笔财富。

（四）步入正轨，拾级而上

在医疗器械行业摸爬滚打了三年后，姚良松发现了该行业的发展瓶颈，开始寻求其他创业项目。1994 年，在一个偶然的机会下，姚良松发现了橱柜市场。随后，经过缜密的调研和简单的尝试之后，姚良松注册了“欧派”品牌，创立了欧派企业，随后租赁厂房、购买设备、招收员工，进行规模化的生产。随着消费者对欧式橱柜的认识逐渐加深，欧派企业逐步扩大，生产规模也逐步加大。1995 年，欧派橱柜的销售收入超过 2 000 万元人民币。2004 年，姚良松将专营店开到了 800 多家。欧派一年产销橱柜 10 万套，在中国橱柜行业遥遥领先，他也成为名副其实的中国“橱柜大王”。之后，姚良松带领欧派走向多元化、整体化、国际化，欧派厨电、欧派卫浴、欧派衣柜、欧派建材等一系列多元化欧派产品应运而生。2006 年，姚良松获得广东省“十大经济风云人物”称号，欧派企业被全国工商联授予“中国橱柜行业领军品牌”荣誉称号。2007 年，姚良松先后当选中国工商联橱柜专业委员会会长、中国建筑装饰协会厨卫工程委员会会长。2016 年，欧派的全球门店数量突破4 200家，品牌价值达 166 亿元人民币。

三、代表企业

（一）广东欧派家居集团有限公司

广东欧派家居集团有限公司	
公司类型	非上市公司
成立时间	1994 年
创办人	姚良松
董事会主席	姚良松
首席执行官	姚良松
总部地点	广州
标语口号	有家、有爱、有欧派
产业	家居
产品	家居产品
网址	www. oppein. com/

欧派家居集团有限公司（2013 年更名为欧派家居集团股份有限公司）创立于 1994 年。2009 年，在其基础上，广东欧派集团宣告成立。欧派是中国整体橱柜行业的领先品牌，是国际化家居品牌，拥有极具竞争力的生产规模。欧派以整体橱柜为龙头，带动相关产业发展，包括整体衣柜、整体卫浴、现代木门、墙饰壁纸、厨房电器等，形成多元化产业格局，是国内综合型的现代整体家居一体化服务供应商。其企业的价值观是公平、光明、合作、自由。

（二）大事记①

1. 1994 年

广东欧派家居集团有限公司成立，率先引入欧洲“整体厨房”的概念，开创中国现代橱柜产业化的先河，掀起“厨房革命”风暴。

2. 1995 年

欧派率先进入房地产楼盘橱柜配套市场，引入“厨房与装修一站式”服务。

3. 1998 年

欧派率先在全国推出“货比十家”的诚信营销模式，承诺进行“八年质量保证”的金卡服务。

4. 2000 年

欧派系列“功能化橱柜”诞生，以“橱柜电器配件一体化”献礼新世纪。

5. 2003 年

欧派推出“全国电脑互联网设计系统”和“订单管理系统”，实现橱柜全过程信息化管理。立项欧派厨房电器项目，设立欧派外贸事业部和波士顿北美办事处。

6. 2005 年

欧派进军整体衣柜领域，聘请著名影星蒋雯丽做形象代言人，全面规划品牌战略工程。

7. 2006 年

欧派率先在业内通过“中国环境标志产品”权威认证，掀起橱柜行业的环保风暴。

---

① 佚名．欧派［EB/OL］．http：//baike. so. com/doc/5449162 – 5687531. html.

8. 2007 年

欧派获得首批“中国名牌产品”称号，并蝉联“中国橱柜领先企业”荣誉称号。

9. 2008 年

欧派发布未来三年发展战略规划——“新巅峰计划”，旨在创建国际一流企业，打造国际名牌。

10. 2009 年

欧派在业内率先荣获“中国驰名商标”。

同年 7 月，宣告成立“广东欧派集团”，广州新工业园竣工。

11. 2010 年

“炫动 2010”营销年会推出“龙腾虎跃计划”，重点拓展厨房电器和衣柜业务，欧派整体家居第一品牌计划正式落地，并以新的 VI 系统和“861”工程从品牌到渠道方面助推实施。

12. 2011 年

3 月，启动进军大家居的三年发展战略规划——“铸鼎计划”，旨在实现由中国整体厨房第一品牌向中国整体家居领导品牌的升格。

7 月，集团生产基地面积扩大至 50 万平方米，跻身“世界化家居制造基地”行列。

13. 2012 年

姚良松荣获“全国就业创业优秀个人奖”。

14. 2013 年

在 2013 年度中国家居产业“大雁奖”之中，欧派集团荣获“中国家居产业领军品牌奖”，姚良松荣获“中国家居产业功勋领袖人物奖”。

15. 2014 年

欧派推出新的三年总体规划——“筑梦计划”，橱柜销量在未来三年翻一番，争做中国家居界首个百亿级企业。

16. 2015 年

欧派发布“大家居”战略，推出大家居体验馆。

四、商道分享

欧派家居集团，是国内当之无愧的欧式橱柜巨头，是当今中国家居行业中最前沿的家居企业之一，是由该集团董事长姚良松先生一手打造而成。“现代管理学之父”德鲁克有一句很经典的话：“每当你看到一个伟大的企业，必定有人做出过远大的决策。”中国也有句名言：“运筹帷幄之中，决胜千里之外。”二者有着相通之处，即超前的战略性决策将注定企业的成败。欧派的成功，离不开姚良松的战略性决策。

（一）渐渐植入式品牌战略①

渐渐植入式品牌战略，让欧派悄然上位，并令消费者难以割舍、欲罢不能。

1. 明星营销

2005 年，家居行业遇到了它的瓶颈期——品牌多且杂，门类宽而泛，社会关注度又很低。当时，国内橱柜行业的注册品牌达两千余家，但市场占有率达到 1% 的却凤毛麟角。在橱柜行业百花齐放的时代，姚良松率先引入欧式整体厨房的概念，并斥巨资聘请女星蒋雯丽代言，通过女星的社会影响力，向大众展示欧式橱柜时尚、实用、温馨的形象，同时附上简洁明了的广告语“有家、有爱、有欧派”，通过极具感染力的广告语，将欧派品牌迅速推广开来，极大地提高了欧派品牌的知

① 艾伦．欧派：事件营销爆破冰封［J］．经理人，2009（1）：102－103.

名度。明星代言，使欧派在复杂的战局中得以脱颖而出，取得了先机，迅速占领了大量市场，巩固了其“橱柜之王”的地位。

2. 娱乐营销

2008 年，金融危机风暴席卷全球，以及在国家楼市调控的大条件下，房地产受到重创，处在下游行业的家居行业随之遭受到了前所未有的危机，许多企业迅速倒下，未倒下的企业也面临着销售量极速下滑、产品积压、资金困乏的窘境。因此，许多企业选择了保存实力安稳过冬的做法。明星代言、广告攻势和活动策划等营销方式随之骤然降温。在家居行业死气沉沉的状况之下，姚良松没有退缩等待，反而带领欧派逆势而上，斥资千万，与具有“央视小春晚”之称的 CCTV 黄金娱乐节目《欢乐中国行》签约合作。此举使欧派的品牌价值得到了大幅度的提升，为橱柜行业营销开辟了一条“蝶变”的新路，欧派也开始从中国名牌向国际名牌上迈出了一大步。巴菲特讲得好，要学会在别人贪婪的时候恐惧，在别人恐惧的时候贪婪。在众人恐惧退缩之时，姚良松逆流而上，将欧派带到了更高一层的境界。

3. 冠军联盟

正所谓“大家好才是真的好”，一个品牌的成功，不仅需要自身的不断壮大，更需要行业的不断发展。在经历明星营销和娱乐营销的疯狂后，姚良松思考全局，整合行业的资源，提出组建行业大联盟的“大家居”战略。2009 年 4 月 23 日，欧派联合国内家居行业五大领军品牌在人民大会堂组建冠军联盟，六大家居门类冠军品牌强强联手，通过“非常 5 + 1”“百城千店，亿元盛惠”的联合促销模式，开展了上百场大型促销活动，实现了销售量的大幅度增长，带领家居行业度过了“冬天”，家居行业得以回暖。在冠军联盟期间，欧派的市场得到了进一步的扩大，欧派得以进一步的发展。

4. 拓宽业务

在欧派的橱柜业务达到行业顶峰之时，姚良松并没有满足，带领团队不断寻求并开拓其他业务。2003 年，姚良松推出了欧派厨电。2006 年，推出欧派衣柜。2010 年，他推出了欧派木门、欧派壁纸和铂金装饰。经过长时间的业务拓展，欧派集团的业务逐步完整。2011 年，姚良松启动“铸鼎计划”，对欧派家居集团进行全方位的升级，构建了名牌体系，将整体厨房的概念更新为整体家居的概念，为业务拓展铺平了道路。

（二）根深叶茂式营销网络①

根深叶茂式的营销网络布局，让欧派在市场中左右逢源，见招拆招。

1. 与经销商关系紧密

“酒逢知己千杯少，代理还是欧派好”——这是在欧派经销商中流传的一句话，反映了欧派在经销商中良好的口碑。品牌与经销商之间的关系十分微妙，一旦处理不好，对品牌的影响非常大。欧派是怎么做的呢？企业利益和经销商的利益原则上不在一条线上，但如果从长久来看，就可能取向一致。所以姚良松采取了“树大生根，放水养鱼”的策略，不仅免收加盟费，而且为经销商提供全方位的指导和服务，让广大经销商的实力不断增强。有些品牌只考虑把产品压到经销商那里，至于经销商的难处则置若罔闻。对比之下，欧派的做法让经销商格外感动。这种“经销商利益优先”的策略，使得欧派与经销商的关系非常和谐融洽，大大调动了经销商的积极性，欧派的销售顺势水涨船高。

---

① 何丽银. 欧派的“树大根深”哲学［J］. 新营销，2014（9）：24.

2. 多元化拓展

进化论的“适者生存，不适者淘汰”，在激烈的市场中也十分适用。要去适应市场经济，企业必须深谙“鸡蛋不能放在同一个篮子里”的道理，去拓展多元的营销渠道。如今是互联网的时代，80 后、90 后逐渐成为消费的主力军，入职后的他们人手一部智能手机。为了适应电商时代的来临，姚良松投资上千万元打造线上平台，改造传统的销售模式，增加了网络的销售方式，采取了 O2O 的模式。打造良好的线上体验，将电商平台上的流量引到线下，从根本上提升消费体验。同时为了适应消费者，重塑营销的价值链，姚良松斥巨资推出“大家居”体验馆，进一步提高消费者体验，以此增加了营销道路，拓宽了营销道路，把营销网络编织得更密、更广、更大、更牢。这种多元化的营销策略，使得欧派更好地适应时代的发展，为打造百亿企业打下坚实的基础。

（三）由内而外式优秀团队

由内而外式优秀团队的建设，让欧派广受追捧，让姚良松高枕无忧。

1. 文化熏陶

1997 年，欧派正处于发展的初期，具备了一定规模，但姚良松遇到了危机，公司元老要求参与更高层面的利益分配，否则公司将面临分崩离析的危机。他左思右想，召开了会议，建立了众人认同的公平的竞争原则，即分红按岗位业绩原则。为了避免以后再次发生类似状况，保证企业团队的稳定建设，经过深思熟虑之后，姚良松向企业文化注入“公平、光明、合作、自由”的精神，并将其提上了打造企业文化的议事日程。从此，欧派的“八字方针”引导了企业内部的常规运作，指引着员工积极向上地工作，对企业优秀团队建设起到了至关重要的推动作用。“八字方针”体现了欧派的价值观与其用人理念，它就是欧派企业文化的基础。多年来，欧派以这八字为基础的企业文化毫不动摇。欧派此后稳定快速的发展，离不开稳定优秀的企业文化，更与其优秀企业文化熏陶出来的优秀团队的艰苦奋斗密不可分。

2. 体制吸引

文化约束心灵，制度规范行为。姚良松始终认为，企业中人的行为会受有形和无形的影响。其中，前者指来自正规组织的约束，后者则是来自组织外的大环境的影响。为了使员工行为与企业目标高度同向，他建立起了一套强而有力的制度系统，同时对企业的权力结构和管理机制作了调整。姚良松认为“机制是因，人才是果”——有了梧桐树，“方可引得凤凰来”。好的机制是吸引并留住人才的根本，是调动员工积极性、释放其潜能的加速器。因此，他时常思考企业机制，时常和身边的员工畅谈公司的机制。一旦发现一些机制问题，不管问题大小，不管机制的修改是否影响既得利益者，都会在两天之内召开会议，研究机制问题，商讨修订机制内容。他唯恐企业机制不合理，导致人才流失。经过一步步对机制的建设，欧派的企业管理变得更加透明、更加清晰。对内，员工的积极性和工作效率得到逐步提高，员工之间的关系变得更加紧密。对外，许多人来欧派企业寻求一份工作，虽然有些人是受其产品的吸引，但更多的人是因为受到欧派体制的吸引。

（四）再造式理论创新

姚良松思路迥异，经常能够呈现惊人之语与惊人之举。欧派橱柜正是凭借着这种另类风格，引领一个行业并将其继续拓宽。作为“厨房革命”的倡导者，现代橱柜产业的领路人，姚良松领导的欧派企业，塑造了一个崭新的朝阳产业。姚良松才思泉涌，创新理论层出不穷。他所提出的“洗牌论”“山头理论”“春秋战国论”等，概述了中国橱柜行业的发展状况与竞争格局，他“大秦帝国不会出现论”“‘中国造’取代‘德国造’”等理论，曾引起业内轰动。

欧派的发展之路绝非一帆风顺。1994 年，正当姚良松准备大展拳脚，进行其“永不落幕的橱柜展”时，市场此前的热情突然消失匿迹，销售点门可罗雀，150 万元人民币的投资迅速耗尽，追加的 50 万元只“续命”了三个月，再追加 50 万元，依然惨淡……“辛辛苦苦好几年，一夜回到解放前”，心急如焚的姚良松何去何从，如何拯救危局？此前一系列刻骨铭心的失败和朝不保夕的流浪生活使姚良松已然有了足够高的抗压能力。他强忍焦躁，“悠闲”地去白云山喝茶聊天，力争让自己的心态尽量平和，以思考出妥善的解决之道。最终他决定从“启蒙”——即改变消费者观念入手，用软广告来替代硬广告，争取“润物细无声”地培养消费者对欧式橱柜的认识。家居专家的讲座被搬进了电视，写手的软文也频频出现在报纸杂志上，“厨房似厅堂，厨房胜厅堂”的理念在静悄悄地传播。“将母亲、妻子从脏乱的厨房解放出来”的诉求声音越来越大，“欧洲品质，中国价”在潜移默化地影响着消费者的品鉴观……1994 年年底，姚良松即将打光最后一颗“子弹”的时候，广州的橱柜市场悄然升温！欧派成功地渡过了企业初创资金断流的危险期。1995 年，欧派橱柜的销售收入逾 2 000 万元人民币。此后，姚良松和他的欧派在发展的高速路上便一发而不可收拾。

（五）阶进式目标挑战

欧派所取得的业绩令人咂舌，而每次姚良松发布他的战略目标时，公众同样是目瞪口呆的。尽管人们承认，欧派与姚良松都已经足够优秀，但是在目标没有实现之前，甚至是刚刚公布之际，人们就窃窃私语——姚良松是不是有点离谱了？

公司成立之初，欧派开国内之先河，引入“整体厨房”概念，当时的人们懵懵懂懂，尚不知此为何物。1998 年，公司推出“货比十家”的诚信营销，甚至让内部员工都觉得不可能，觉得姚良松真“傻”。之后，公司推出“新巅峰计划”“龙腾虎跃计划”“铸鼎计划”“筑梦计划”等，每次的豪言壮语似乎都在挑战人们的心里底线，或许心头还有一丝不快。但是姚良松和他所领导的欧派没有食言，一次次地兑现着承诺，不知跌碎了多少专家的眼镜。“中国名牌”做到了，“中国驰名”做到了，“中国第一”做到了，“中国家居界首家百亿级企业”也做到了。整体厨房、整体家居、大家居、全屋定制……姚良松目光高远，而欧派照单全收。正是凭借这种“万水千山只等闲”的胆识、气魄与扎实、缜密的工作安排，欧派不断跨越巅峰，向世界级企业的目标疾驰而去。

五、文化特质

姚良松有着正规大学教育的背景，高考时取得了全县第二名的好成绩。但他大学学业成绩一般，毕业后多次创业失败，绝非属于人们印象中 20 世纪 80 年代大学生在体制内青云直上的那种状况。

（一）历久弥坚，愈挫愈勇①

姚良松在景德镇承包翠云饭店期间，因其兼职创业被学校认为是“心不在焉”而惨遭开除。1988 年，政府严整吃喝之

---

① 周忠．欧派姚良松从惨败的泥潭中爬起成就“橱柜王国”［J］．新经济，2004（Z1）：52－54.

风，使姚良松刚立住脚跟的饭店一夜间门可罗雀，甚至欠下了在当时可谓“天文数字”的巨债——五六千元。之后从事香肠贸易，血本无归；追赶休闲经济的脚步去经销扑克牌，继续亏损……债主们放出狠话：再不还钱就打断姚良松的腿！陷入恐惧的姚良松走投无路，含恨逃离景德镇。20 世纪 80 年代末的某年除夕，在厦门流浪躲债的姚良松买了瓶劣质酒，做了几个菜，他跪在阳台上，向着亲人与债主的方向，许出了除夕的心愿——乞求上苍给予机会，一旦挣到钱，一定尽快还债。姚良松每天记日记，读书，不停地思考，反复地反省。“原以为失败只是归零，但有时未必是零，可能是负数。”“灾难是一个坎，迈过去之后，就会变成财富。”酷爱文学的姚良松在那段饱遭非议、饱尝冷眼的日子里，写下了一首又一首诗作，给自己打气鼓劲。他坚持不懈的斗志令人佩服不已，然而现实却依然残酷。闯荡西安的姚良松因公司发生变故，再次流离失所。大学同学赶来饯行，那晚的夜空又是漫天飞雪。一次一次的失败，一站一站的辗转。姚良松满腹悲怆，痛苦不堪。同学拍着他的肩膀鼓励道：“你这么刻苦聪明，一定会成功的！如果姚良松不成功，天理难容！”那一刻，姚良松终于抑制不住失望与悲怆，号啕大哭。身后的天地一片苍茫，西安的夜色悲凉无边。

姚良松出身贫寒，尝试了无数次创业，而他所经历的创业失败同样不计其数。正是在一次次无情的打击中，他才能够在试错中纠错，最终成功逆袭，轰动乡里，名扬四方。谁都知道，再强悍的人也不可能是常胜将军。但像姚良松这样的“常败将军”也确实令人唏嘘。可能一次的失败，就足以将某个人击倒，但姚良松经历了无数磨难仍旧屹立不倒，充分说明了他内心的强大。这也正是他日后逆袭成功的累积原动力。对于创业人士而言，是非常具有借鉴价值的。

（二）不落俗套，不拘一格

2016 年，姚良松再出惊人之举，成为炙手可热的“网红”！这都源于他出演了一部“电影”。姚良松在影片中担纲男主角，他一反此前严肃的姿态，为欧派的“二胎”——旗下第二品牌欧铂丽亲自“接生”，并承包元宵节活动，派发红包。家居行业的推广方式向来较为传统，多以电视广告、店面促销为主。但时代在变，消费主力群体也在变——他们变得更为年轻化、时尚化和个性化，这就呼唤营销方式的不拘一格。姚良松的“怪招”不仅对欧派有利，而且十分具有借鉴意义。人们惊喜地发现，原来传统的家居行业也可以这样玩。自从姚良松“接生二胎事件”后，欧派家居整个官方微博都似乎年轻了十岁——变得活泼调皮，“欧巴”“奥斯卡”等新潮词语全部上阵。家居品牌能够摆脱传统呆板的风格与消费者互动，用最热的网络语言跟网友沟通，这是让网友始料未及的——原来“邻家老王”这么有才！此次欧派第二品牌欧铂丽的上市和“二胎视频”传播营销活动，巧妙地将欧派呈现在公众，尤其是年轻消费者面前，其品牌利益得到了完美的延伸，姚良松的个人品牌亦更加深入人心。试想，一个能跟年轻人玩起来的品牌，活力远比同行旺盛；一个受年轻人青睐追捧的企业家，怎么会赢不了明天的市场?!

参考文献

[1] 邹锡兰，吴尚清，陈文娟．客商“八大王”［J］．中国经济周刊，2009（44）．

[2] 夏萍．曾宪梓传　金利来创始人［M］．北京：作家出版社，1995.

[3] 唐志成．德高义重的田家炳［M］．成都：四川人民出版社，2005.

[4] 杨大筠．模式的革命：时尚自有品牌成功赢利模式［M］．北京：中国纺织出版社，2009.

[5] 罗香林．客家研究导论［M］．上海：上海文艺出版社，1992.

[6] 谭元亨．客商［M］．北京：人民出版社，2008.

[7] 谭元亨．客家文化史［M］．广州：华南理工大学出版社，2009.

[8] 孙博，巫春华，宋德剑．客家文化与发展幸福导向型产业［M］．北京：光明日报出版社，2013.

[9] 孙博，巫春华．客商文化与产业发展［M］．广州：暨南大学出版社，2014.

后　记

自首届世界客商大会以来，每届大会，作者均参与其中。从最初的客商粉丝、客商研究爱好者，到之后的客商研究院常务副院长，作者对客商，尤其是客商的创业创新精神与经商兴企之道感怀颇深。

客家人是一个具有显著特征的汉族民系，也是汉族在世界上分布范围最广的民系之一。在商界，客家人素有“东方犹太人”之美誉。作为极少数突破地域的商帮之一，客商以文化为纽带，在保留中原文化的同时，崇尚诗礼传家，守望互助，从而在居住地建树安家，创兴实业。随着全球形势的急剧变化，在客属华裔中，已拥有许多经济实力雄厚的实业家，拥有一批掌握现代科技、管理知识的专业人才，他们拥有遍布世界的商业销售网络，有的已融入各国的社会主流。一些客属华裔也随着华侨华人经济地位的崛起健步走上政治舞台。中国政治稳定，经济快速增长，国际地位日益提高，客属华商热爱祖籍国之情与日俱增。正因为如此，客商在全社会中有着重大的影响，引起了中外人士极大的关注。

近百年来，客家人从广东梅州等地远渡重洋，到海外谋生，足迹遍布中国港、台及东南亚地区，涌现了一大批创富成功的客家商人。张裕集团的张弼士、“万金油大王”胡文虎等，就是早期客商的代表人物。“领带大王”曾宪梓、“人造革大王”田家炳、“香港裤大王”杨钊、“珠宝大王”吴德芳、

“毛衫大王”吴惠权、“钢铁大王”何侨生、“国货大王”余国春、“橱柜大王”姚良松等则是当代客商翘楚。这些客商，大都是“布腰带出去金腰带归来”，每个人背后都有着传奇的创富经历。

在第五届世界客商大会即将来临之际，客商研究院加快对“客商八大王”的研究，推出本书，意在献礼大会，以实际行动回报各界对客商研究院的厚爱。客商研究该如何把握，以何为主线，这是困扰业界多年的问题。规范的方法应该是偏历史，还是偏民俗？抑或其他？本书只是做出了粗浅尝试，欢迎学者批评探讨，从而有助于后续研究更加规范与完善。除“客商八大王”之外，还有其他很多杰出的海内外客商，本书仅是开篇之作。客商研究院后续将跟进调研，力争在更高的层面去展示更多的客商及其精彩的商道。在本书的编写过程中，作者查阅了大量的文献，浏览了相关企业的网站，力争还原客商创业原貌。对参考的各类文献，作者一方面进行相互间的比对确认，另一方面重新梳理文句，以不侵犯原文版权，但对于公司业务、历年大事等部分段落，本书不便进行大幅改动以免有断章取义之嫌。

最后，以一段小诗结束本书：

漂洋过海千万里，树高百尺不忘根。
鸿雁翔空励精志，难忘吾是客家人！

孙　博

2016 年 8 月于嘉园